合 気 深 淵

バウンダリー叢書

合気深淵

フォースを追い求めた空手家に舞い降りた青い鳥・眞法

炭粉良三

海鳴社

冠光寺眞法

二十一年前、物理学者・保江邦夫が広島県三原市羽倉のカトリック修行場「四方庵」において隠遁神父・エスタニスラウから伝授されたという、カトリック界に連綿と伝えられてきたイエス・キリスト発祥の秘術。

大脳由来の心象をイエスの説く「愛」そのものに変化させ思考を停止させることで導かれる膻中（中丹田）由来の真の心の判断に己の行動を委ね、凡そ人間全てに備わるその真の心の成立前提である生命現象を司る「魂」を我彼の間に結ぶことにより発現する、本来身体の動きを必要としない人間の行動制御法。その効果は日の本武術の最高極意「合気」と酷似する。なお、邦名「冠光寺眞法」は保江邦夫の命名による。

修得は至難だが、人間行動制御の術なれば、一度《ひとたび》これを会得すればその用途は武術や護身術に限らず、無限である。但し対象は人間に限られ、動物には無効である。ローマの暴君ネロ帝がかつて行ったといわれる最悪の迫害、ライオンを使ったキリスト教徒弾圧は、この辺りに理由があるのかもしれない。

また、イエスが説いた「愛」により己を迫害する者をも受け入れ決して敵意を抱かないという原理故に、そもそも悪用は原理的に成り立たない。

冠光寺流柔術

元々は、如何なる場合にも敵意を抱かず相手を受け入れることで発現する冠光寺眞法を修得するために考え出された、カトリックの聖地モンセラート山中において隠遁を選択した神父達によって密やかに行われてきた一見柔道や相撲に似た組み技系の荒行。自分を殺傷せんと加えられる相手の攻撃を受けてなお、相手を愛し受け入れることが可能になるよう修練する目的を持つが、襲いくる敵を前に己の防御・反撃を完全に放棄しなければならないため、眞法共々至難の技である。

なお、現在行われている冠光寺流柔術とは、眞法と合気の酷似に気づいた保江邦夫が長年修行してきた大東流の柔術体系にこの眞法を通したものを指し、命名はやはり彼に依る。また、この眞法の理合を打撃技に通して成立を見たのが畑村洋数の氣空術である。

――保江邦夫監修の下、炭粉良三記す

後日談……序に代えて

平成二十三年十二月三十日夕方、大阪森ノ宮ピロティホールの会場入口にて、私達夫婦は寒さに震えながら、やがて行われるコンサートの開場を待っていました。折も折、本日が誕生日だというコンサート主・山本潤子さんの同級生にして我が「合気シリーズ」常連の川畑啓子さんら友人達の姿も見えます。

もう、お知らせしてもよいでしょう。

そうです！　決して感心できなかった我が高校時代に唯一、その美声のみで自分の愚行を止めることができた蒼き歌声の持ち主とは、彼女のことに他なりません。

それだけではない、一連の合気シリーズにおいてはまるで漆黒の海を航行する船舶に道を示す光投じる灯台のごとく、私の合気修業の中で、否、人生においてさえ、その灯台のような役割を果たして下さった稀代のボーカリスト・山本潤子さんのバースデーコンサートが今夕、ここで行われるのでした。
既に、最終巻の今回に収録する三篇の原稿も脱稿を見、私は川畑さん達の姿を見ながら物思いに耽っていました。

「いろんなことが、あったなあ……」

処女作『合気解明——フォースを追い求めた空手家の記録——』（海鳴社）で描いた非接触合気の壮大な実験であった「昭和町ドリーム」、十両のマスターと大喧嘩になった後、その怒りを鎮めてくれた名曲「デスペラード」（Desperado〔Eagles〕）、そして「準備しない心」のおさらいとして川畑さんと共に訪れた昨年末のコンサート……それら全てに潤子さんと川畑さんがいて下さった。そうそう、「デスペラード」といえば、私を訪ねてきて下さった空手家の方が合気の技を見せてくれたお礼にと、それが収録されているイーグルスとカーペンターズのCDを下さったなあ。
しかし実は私は、あるもう一つの出来事も追っていました。それは、潤子さんのファンの方で悪性リンパ腫というリンパの癌を患いながらも、彼女の歌声にすがって奇跡的に状態を安定させている人物（男性）に対する取材でした。私は活法師です。ですから常に「治療とは何か」を考えています。

保江先生の御著書は当然として、私ごときの拙書でも、最近は医師をはじめ医療現場に携わる方々にも読んで頂いていることを知り、ますます私はそのことを考えるようになります。

以前紹介致しましたように、母が私の目の前でスーザン・ボイルが歌う「Wings to Fly」（「翼をください」山上路夫作詞・村井邦彦作曲・カノン英詞）を聴いて癒されるという経験もあって、つくづく思うのです。人に対する治療とは、その魂にまで響く「何か」をもって、魂と分離してしまっている「心」を元の場所に導き帰してあげることだと。

だから、それさえできれば手段など、どちらでもよいのです。どんなことでも有効な治療になり得ます。逆にそれができなければ、如何なる優れた外科手術の技術も新薬も、患者を救うことなどできはしない。

救うことができたなら、できたからこそ……名医であり妙薬たり得るのです。

私は、本日のコンサートを心待ちにし、それまで苦しんでいたもう一つの持病である鬱《うつ》をも何とか克服してコンサート会場にやってきて、実に満足した表情で去ったその男性の姿を確認しました。彼にとって潤子さんの声そのものが妙薬なのです。喩えで言っているわけではは断じてありません。

さて、そのコンサートもつつがなく終了の後、私はファンや同期の方々の打ち上げに嫁だけを残して会場を後にし、一路神戸の三宮、そして大石へと向かいます。一人で一杯やりながら、今書いているこの原稿の構想を練るためにでした。

まずは三宮の焼鳥屋くらうど。ところが……。

「申しわけありません炭粉先生！　御覧のとおり満杯でして……」

アチャ〜、ほんならしゃーない（仕方がない）と、踵を返して大石の串一番に向かいます。すると今度は……。店の数メートル手前から、楽しそうな笑い声が何人分も聞こえてくるではありませんか。横の窓から中をそっと覗き込むと、これまた満員。マスターとアルバイトの由岐さんが忙しそうに働いております。

その表情は、とても楽しそうでした。

既に三十日、大晦日前。寿司屋富万も、芦屋のリトルドールも、もちろん昭和町十両も、既に休みに入っています。

「そうか、これにて炭粉良三、行くアテなしの巻かあ……」

ハハハハハ！

何故か、心から爽やかに笑うことができたのです。

こんな笑い方ができたのは、いったい何年振りだろう！

けれど、どうして？

その答は、直ぐに出ました。

自分が関わるそれぞれの店がそれぞれに盛況だったことが、心から嬉しかったのです。

くらうどはかつて、営業に苦しんだ時期がありました。串一番のマスターなど、再出発を期したほどです。

それが、どうだ！

沢山のお客が暖簾をくぐる店になった。今や……。

それだけで心満ちて、我が町に帰る電車に乗り、一人家路につきます。

これが、幸せというものなのかもしれない。

眞法とは、人が動くそもそもの真の理由を探し求める術法だ。それを追究することが、そのまま稽古になる。

だが、「病気が治りたい」「店を繁盛させたい」という気持ちがその真の理由などではない。

そうでは、ないのだ！

人はただ、「幸せになりたい」だけなのだ！

そう願うそれぞれの「魂の海」に、それぞれの「心」が帰還し得たとき、その結果として病気は治り、店は繁盛する。


「汝等請う、其本《そのもと》を務めよ」


蒼き歌声かあ……大好きな星・シリウスも、蒼い！

これが見える季節は寒いが（笑）。

家に帰り着き、コンサートで購入してサインして頂いたＤＶＤ「Vivante」を聴きながら、原稿起こしに入りました。

「やはり今回は、何といってもあの『ハハハハハ！』という爽やかな笑いに尽きるなあ……」

二時間が、あっという間に過ぎ去りました。ＤＶＤは二順目も終りにさしかかろうとしています。

「え?!」

と我に返り、時計を見ますと、もう十二時をとっくに過ぎています。

なのに嫁はまだ、帰ってきません！　アイツ……。

「ハ、ハハハハハ……」(汗)

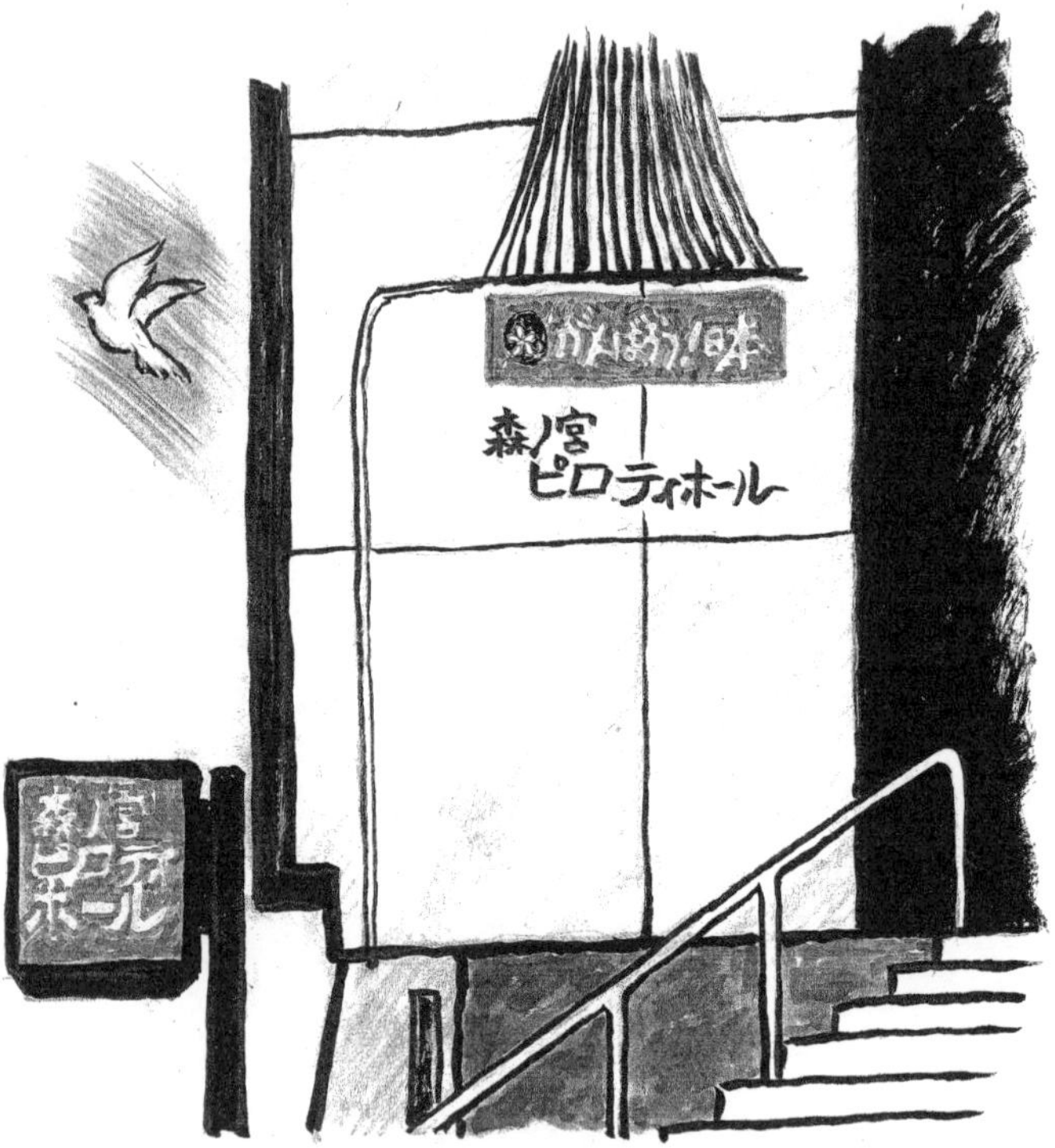
がんばろう!日本
森ノ宮
ピロティホール

もくじ

第一部　合気群像

——フォースを追い求めた者達の宴——

飛び前蹴り

第一の宴「離脱と流浪」

前著『合気流浪――フォースを追い求めた空手家に蘇る時空を超えた教え――』(海鳴社)が世に出た頃、つまり平成二十三年三月末、私はある事情から保江邦夫先生の門下から離脱致しました。即ち、本当の意味での流浪が、始まりを告げたのです。

私が保江門下を離脱したその元々の事情については後に触れますが、しかし今までの考察によって合気の理屈とでもいうべき部分はかなり把握できましたので、いずれに致しましても、後は空手家である自分の空手の技に合気を通す稽古しかありません。柔術家ではない私が今さらいくら保江邦夫先生の下で冠光寺流柔術の技を学んでも、それが直ぐに身につくなどとんでもない話であることぐらい、私にはわかりすぎるほどにわかります。

私達空手の世界でも、「立ち方三年、握り方九年」という言葉があります。つまり、武術の修行とは十年単位でやり込まなければ、とても身につけることなどできはしないということです。そして十年単位でやり込んだとしても、身につく保証などどこにもないのです。何も合気だけではなく、ただ単に体の動かし方ですらこれほどの時間がかかる。これが武術というものなのです（いや、武術だけに限りますまい）。

既に四十年以上やり込んできた空手。その空手に合気が降りてきて通ってくれることを、ただひたすらに待つ。何度も何度も失敗と痛い目を繰り返しながら…この事情も前著に書いたとおりです。しかし保江先生もその辺の私の心情をわかっておられたのでしょう、先生が私に下さったのは「冠光寺眞法五段」位でした。

ここで、混乱を避けるためにお話し致しますと、「冠光寺眞法」と「冠光寺流柔術」とは同じものではありません。

冠光寺眞法とは先生が至られた愛魂の心法により、それを通すことで可能になる事象全てを指します。たとえば先生の御著書に散見される独特の縁の結び方（予定調和）や交渉相手に「うん」と言わせてしまう術、あるいは見知らぬ人にワインを注ぎに来させるといった術などが、それにあたります。一方冠光寺流柔術とは、その愛魂を柔術技に通すことだけに特化したものであるといえます。

先ほども申しましたように柔術家ではない私はそのため、冠光寺流柔術を会得するにはまず柔術の技それ自体を覚えなければなりません。けれども自分の歳を考えた場合、もうとてもそんな時間はありますまい。先述致しましたように、何しろ武術は十年単位なのです。

そこで自分の場合は、これからはとにかく空手に集中する世界に戻りたいと実は常々思っていました。自分が本当の意味で流浪の道に入っていくのも、ですから仕方のない、というよりは自然の成り行きだったのです。

第二の宴「高弟達の始動」

さて、そんな私に神奈川県の木下淳人《あつひと》氏からある日連絡がありました。「炭粉先生、関東式を教えて下さい」と。

木下淳人、彼は某派合気道の世界では既に一方の旗頭でした。何しろ、世界チャンピオンなのです！　その後、保江邦夫先生に教えを乞うべく岡山までやって来ました。そして、即入門するとともに元の派を離脱、自流を立ち上げたのです。今までの自分の輝かしい身分を棄てて、です。

こんなこと、普通はとてもできるものではありません。私はそのエピソードを伝え聞き、思わず唸ってしまいました。そんな彼とは、平成二十二年十二月末に岡山で行われた冠光寺流柔術野山道場の最終稽古と忘年会で初めてお会いしました。

保江先生から紹介され、再度木下会長の経歴を聞き、自流を興すにあたってその名称を拙書『合気真伝』から採り「眞伝会」にしたいと御希望の旨、うかがったのです。私に異存のあろうはずもなく、直ちに快諾。かくて「合氣道眞伝会」が新たに立ち上がったのでした。

木下氏は初代会長に就くとともに、冠光寺流柔術関東支部長も兼任することとなりました。

この木下会長は、そもそも彼の武道事始めがフルコンタクト空手だったこともあり、武道に対する考え方が私とよく似ています。後に立ち上げられることになる冠光寺流柔術東京道場において、彼は指導に来られた保江先生に約束なしのガチ稽古で全力で向かっていき、そして先生になす術なく投げ飛ばされるという経験を持つ、第二番目の男となります。つまり、私とは真の意味での兄弟弟子といえましょう。

その木下会長から、連絡が入ったのでした。

「炭粉先生、どうしても諸手捕合気上げに難しさを感じてしまいます。そこで、それを簡単に可能たらしめるという関東式を、御教授願えないでしょうか」

諸手捕合気上げとは非常に困難な合気上げの一つで、自分の片腕を相手が両手で押さえつけるのを上げてしまうというものです。これは前著『合気流浪』でも描いたとおり、何せ二対一なのですから、普通なら絶対に上がりません。しかし、この難儀な合気上げでさえも関東式を使えば難なく上げることができるのです。しかし……。

「この方法はあくまで、かの先生が発見されたものです。ですから、私からそれを教えることは筋が通らない。木下会長、もしどうしてもお知りになりたいならば、貴方が直接先生を訪ねることをお勧めします」

私は、そう答えたのです。

しかし、さすがは木下会長！　その後直ぐに返事があり、関東式を学ぶべくかの先生の下を訪れるとの旨を伝えてきたのでした。

時ほぼ同じくして、冠光寺門下にして氣空術主宰・空手道拳友会会長の畑村洋数氏からも連絡がきます。

「炭さん、保江先生が東京道場を立ち上げられるのに合わせて、この際車で埼玉まで行き、魂合気研究会の大野朝行先生にお会いしてこようと思ってます。大野先生のホームページを見ていて、自分とも共通するものが多々あると感じたので。押忍！」

そうか……それぞれが今、動こうとしている。かつて、そしてこれからも、私がさまようように。今、冠光寺流は日本各地に道場や稽古会ができつつあるが、それに集う人間達の中でも既に武道の修行浅からぬ者達は……。

群雄割拠！

そして、それぞれの流浪と交流の時代に入ったのだ！

その群像を、今度は追いかけよう！　そして描こう！

それぞれの行動の中に待ち受けているであろう様々な予定調和、そして合気に対するアプローチを……。

第三の宴「師の始動」

そして、保江邦夫先生御自身も既に動かれていました。

冠光寺流柔術東京道場を立ち上げられたのです。東日本大震災の影響で少し遅れましたが、それは平成二十三年四月に開始されました（東日本大震災により罹災された皆様には、心よりお見舞い申し上げますとともに、一日も早い被災地の御復興をお祈り申し上げます）。そこを預かるのが、木下淳人会長。その際彼は保江先生から、冠光寺流柔術七段を許されています。これは現在冠光寺門下にあって、弟子の中では最高位です。

平成二十三年一月三日、私は保江先生からお誘いを受け、先生の親友・北村好孝氏共々三人で、故・エスタニスラウ神父の日本における隠遁修行地である広島は三原市羽倉にひっそりと残る四方庵を初めて訪れました。保江先生と北村先生が、交代で車を運転されます。

両先生にとっても二十年ぶりのこととて、道も定かでない状態での出発でした。折しも曇天、そしてやがて雨も降ってきました。しかし、三原市に入る頃から保江先生の御著書に描かれていたと同じように、分厚い雲に切れ目が生じ、太陽の光が射し込んでくるではありませんか！　その不思議な光に導かれるように、私達は無事に四方庵に辿り着くことができたのです。

着いてみると、その……あまりにも質素な佇まいに思わず息を呑みます。入口には墨で書かれているために半分消えかかっている「モンセラートの聖母 四方庵」の文字。その上に、まるで小学生が工作で作ったような粗末な十字架が取り付けられている……。私達が訪ねたときは残念ながら誰もおられませんでしたが、後を守るシスターが飼われているのか、猫が一匹出迎えてくれました。雨が降る中での初詣でしたが、それは印象的な小旅行でした。

それから数日後のこと、保江先生から連絡があり

「あれから何故か東京にも道場を作る気持ちになった」

とのことでした。関東なら木下淳人氏の活躍の地であり、冠光寺流にとっても素晴らしい発展に繋がると思って、私も嬉しく思いました。

そんな中で立ち上がった東京道場での稽古初日のことです。

ＤＶＤの撮影及び指導のために保江先生は上京されます。木下会長が全力で立ち向かったのも、

このとき。ところが先生はその後、何と東京で行われていた空手道佐藤塾の大会に向かわれるのです！

佐藤塾といえば、極真会館全盛時のスーパースターの中の一人、佐藤勝昭師範の主宰する会派！先生が駆けつけられたとき、ちょうど決勝戦の真っ最中だったとか。四度の延長戦の結果やっと勝敗が決まるという素晴らしい戦いを観戦された後、保江先生は何と、佐藤勝昭塾長から準優勝者にトロフィーを渡すプレゼンテーターを仰せつかります。そう！　実は保江邦夫先生は本年から佐藤塾の顧問となられたのです！

しかも、その準優勝者とは、塾長佐藤勝昭師範の御子息だったのです！

マイクを取り、大会最後の挨拶まで行われた先生は、その感動を私にも伝えてきて下さいましたが、それにしても……。

「先生、ずいぶんと我々フルコンの世界に近づいてこられましたね」

「いやあ、炭粉さんからそう言われると、とても嬉しい」

かくて、冠光寺門下の高弟達ばかりか保江先生自らも大いに動かれ、今年即ち平成二十三年は冠光寺流にとって、飛翔の年になるに違いない。その門を離れたとはいえ、及ばずながら私も微力を注ぎましょう！

何よりも……貴流は私に合気を教えて下さった流派なのですから。

なお、保江先生は岡山の野山武道館にて、合気道星辰館道場をも立ち上げられました。これは、武道事始めからお世話になりながら、植芝盛平翁の言われるところを真に理解できずにその門を離れてしまわれた保江先生の反省からのことだとお聞きしております。北村好孝先生が中心になられ、御指導にあたっておられるとのこと。

これも併せて、私には嬉しい出来事でした。

第四の宴「愛魂ボーイ！　西山守隆」

さて、東京での大役をこなされた保江先生は、返す刀で帰路兵庫県加古川市に立ち寄られます。

ここには加古川合気会があり、西山守隆君がいます。

彼は保江先生の『唯心論武道の誕生――野山道場異聞――』（海鳴社）にも紹介され、先生のいわゆる「合気三部作」の第一弾『合気開眼――ある隠遁者の教え――』（海鳴社）を読んで、誰よりも早く先生の大学に手紙を送りつけた張本人。ただ、このときには彼が目指す柔道整復師の国家試験が迫っていたため、直ぐに岡山に駆けつけることはできなかったのでした。しかしそれさえなければ、この西山君は一般男性の冠光寺流柔術門下では誰よりも早く入門した人物になっていたはずです。

私も冠光寺門下時代、岡山の野山武道館にて数回彼と会いましたが、他の弟子の方々と決定的に違うのは……とにかく若い！　失礼ながら（実は私もですが）先生のお弟子さん達はいずれもほとんどが既に他武道を長年修行してこられた方々であるため、年齢的にはいきおい五十を超えておられるのですが、その中で（他の道場から先生の本を読んで参加してきた人物という意味で）異例の若さ！

そしてその性格も気さくで人なつっこいところから、私は秘かに西山君のことを「愛魂ボーイ」と呼ぶことにしたのでした。まさに、冠光寺の若きホープ！

御父上であり、八光流柔術皆伝師範にして合気道家だった故・西山玲峰六段の跡を取り、加古川合気会を御父上の高弟の方々と共に守っています。さらに御父上と同じく柔道整復師としての道を選び、整骨院を開業、同時にここに冠光寺流関西支部を置いたのです。そして支部長は『唯心論武道の誕生』でも御登場の鳩山泰彦氏です。

いや、なかなか見上げた活躍！

さて、そんな西山君が、ちょうど加古川市立武道館にてチャリティーを兼ねた冠光寺流柔術の体験講習会を開いたのでした。題して「東日本大震災〈愛〉の復興支援チャリティー Love your enemies」！　そして保江先生は、その特別講師として加古川に向かわれたのでした。

この講習会に満を持して参加された方が、誰あろう、あの塚本整骨院院長・塚本顕彦先生でした。前作『合気流浪』で紹介した塚本先生は、合気道有段者である令兄が既に保江先生を訪ねられていることもあり、御自身も是非とも冠光寺流を体験したいと強く思われていたのです。というか……実は二年ほど前、この塚本先生の眼前で私はその合気道二段の令兄を合気上げしてしまったのです。少しコーチしてさしあげただけで、彼も完璧に私を上げてしまわれました。その様子を見られ、弟としても期するところがあったのでしょう。しかし、それだけではありません。

実は、何と西山君は東神戸にある塚本整骨院に整復師の勉強に来たことがある、つまり二人は偶然にも既に知り合いだったのです！　ですから西山君が実は冠光寺流の門下であることを私が告げたとき、塚本先生は大変驚かれました。何も大きな出来事ではなくとも、この不思議な予定調和はあらゆる所にその見えざる連鎖の糸を張り巡らせている。

かくて、塚本先生は空手をやっているという息子さんを伴い加古川を訪れ、このとき初めて保江先生と念願の出会いを果たし、その指導を受けられたのでした。

愛魂ボーイ西山守隆君よ、これからも元気に活躍して下さい！

加古川における稽古会には、強力なる使い手、鳩山泰彦支部長もおられるのだから。オッサンひしめく稽古会の中で、頑張れ！

我らの愛魂ボーイ!!

けれども……。彼の御父上・西山玲峰六段を思うとき、私は保江先生はもちろんのこと、他の弟子の方々と出会う遥か前に起こった、ある事件を思い出さざるを得ないのです。

そう、もうその時点で我々は繋がっていたのだ。あの、肝も冷える出来事……武道をやってきたことを、今までの人生の中でたった一回だけ心から恨んだ、あの出来事のときから……。

第四の宴の余章「負の予定調和」その一

それはもう、かなり前の出来事です。

当時私はまだ駆け出しの活法師として、身内や知り合いだけの治療に携わっておりました。その知り合いの中に、ある町で商売をしている中年男性がいました。彼は長年連れ添った奥様と死別した直後に、さる事情から店を失うという大変な不幸に見舞われたのです。

彼は私の患者というわけではなく、ただ彼の店の前を仕事でよく行き来していた関係で親しくなったのです。その少し前、同じくこの辺りの中華屋でボクサー坪井将誉と出会い、ドツキ合った頃でもあり、私はかつてないほどに空手の稽古にも精を出していたのでした。

ところが……。

忘れもしません。あれは尼崎市に住む知り合いの治療に行っていたとき、突然携帯電話が鳴りました。出てみるとそれは、件の中年男性からでした。

実は、彼はそういった災難続きの中で酷い鬱状態に陥ったのです。無理もありません。それで「話し相手が欲しくなったら、いつでも電話下さい」と彼に私の携帯電話番号を告げていたのでした。その声を聞いたとたん、非常に悪い予感がしました。そしてその予感は、的中します。

「炭粉はん、俺な……俺、もう死ぬわ……」

「ちょっと待て！　今から直ぐに行くから！　とにかく俺が行くまで待てえッ！」

携帯に向かってそう怒鳴り、驚く尼崎の知り合いに事情を素早く話すと、私は駅まで一気に走り、その町に向かう電車に飛び乗りました。乗ったとたんに、全身の毛穴から汗が吹き出てきます。

「待ってろよ！　絶対に待ってろよ！」

心で何回そう叫んだでしょう。こういうとき、どうして電車の速度は異様に遅く感じるのだろう。クソオ！　焦っても仕方がないことなど、わかりきっているというのに！

駅に到着するやいなや、その男性の住むアパートに走り込みました。そして鍵のかかっていない扉を力一杯に開けて中に入ったその瞬間、私の目に飛び込んできた異様な光景！　それは……。

第四の宴の余章「負の予定調和」その二

床という床、一面に焼酎の空瓶とビールの空缶が、まさしく足の踏場もないくらいに散乱している！　明かりを消しているために、カーテン越しに夕方の淡い日の光でボヤッと浮かび上がったその男性の姿。その両手には、金属片のような物が握られていました。

「何をする気だッ?!」

一瞬考えましたが、その答えは直ぐに彼の言葉で判明します。

「もうええねん。これコンセントに突っ込むから……」

「いかーーーんッ!!!」

恐らく、下手に抱きつくと自分にまで電気が伝わり心中してしまうと考えたのでしょう。気がつけば私は、空瓶や空缶を一気に飛び越え、その男性の左頬を右の掌底で思い切りはたいていたのです。

「えッ……」

今でも生々しく、それもスローモーションで思い出すことができるのですが、その男性は隣の部屋までまるで軽い人形のように吹っ飛んでいきました。

「人間って、はたいただけでこんなに飛ぶものなんだ……」

などと、妙にノンビリ感心しながら見ていたのを思い出すのですが、恐らく時間にすればほんの短い間だったに違いありません。スローモーションに見えたことも含め、自分の脳が異常に高速稼働していたことによる現象なのでしょう。

しかし……。

ガッッッ!!! という、とても嫌な音が響き、私はハッと我に返りました。男性は床がタイル張りの隣部屋に、頭から落下したのです。

「し、しまった！」

時既に遅し。男性は気絶し、物凄い大イビキをかき始めたのです。

脳内出血を起こしたに違いない！　即座にそう判断しました。人間は脳内出血を起こすと、脳が酸欠状態になるため、大あくびをする、つまり息が非常に大きくなるのです。その結果、人事不省を起こしている場合には大イビキとなる。

私は直ちに電話に飛びつきました。一刻も早く救急車を呼ぶしか、ない！　ところが……。

「もしもし！　もしもし！　救急車を至急一台……」

と叫ぶ私に返ってきた答えは……

「ゴゴサンジサンジジュップンハッピョウノ、キショウニュースヲオシラセシマス……」

ええいッ！　落ち着け！　落ち着くんだ良三！

自分に強く言い聞かし再度電話、そして救急車を呼びました。

ところが、です！ またしても私はここで致命的なミスを犯してしまうのです。何とか救急車を呼ぶことができた私はその安心感からか、その男性に活を入れ蘇生させてしまうのです！ この状況下では、これは絶対にやってはならない。何故なら、怪我人や急病人を救急車に乗せる場合、もし本人に意識があれば、本人の承諾がない限り絶対に乗せることはできないのです。私はこの規則を全く知らなかったのでした。

遠くの方からサイレンの音が聞こえてきます。やがて到着した救急車。救急隊員の方々が駆け上がってきてくれたにもかかわらず、この男性は「自分は死にたいのだから」と、乗車を断固として拒否したのです。

救急隊員と私、そしてその男性との押し問答が続きます。

恐らく、我が人生で最も長い時間が、まるで川の淀みの水のごとくに、遅く、遅く流れてゆく。

「クソオ、何故活なんか入れたんだ！ こうしている間にも、この男の頭の中は……」

悔やんでも悔やんでも、もうどうしようもなかったのです。

第四の宴の余章「負の予定調和」その三

「いい加減にしろ！　何を甘えているんだ！」

遂に私はその男性に怒鳴りました。すると救急隊員の一人が私を制して言いました。

「あんたは外に出ててくれ。後は我々が何とかする！」

そこで私は言われたとおりに外側の通路に出て待つことにしました。

私にとってはまことに長い時間でしたが、待つこと十分ほどで、やがてその男性は隊員達に抱きかかえられるようにして出てきたのです。どのように説得したのかはわかりませんが、さすがプロだと感心しました。

しかし、それからがもっと大変でした。

最初に搬送された病院では、どうやら脳内出血を起こしているということしかわからず、さらに脳外科のある病院に搬送し直しとなります。

救急車に便乗しながら、私は携帯電話でその男性の親族の方々に電話連絡をしました。そして再搬送された病院で彼の頭部をスキャンしている間に、次々にその親族の方々が到着。私は彼らに手をついて謝罪しました。全ては自分の責任だと。すると親族の方々は私を詰《なじ》るどころか、逆に励まして下さったのでした。

曰く、実は我々親族に対しても、日頃から「自分はもう死ぬ」と頻繁に連絡がくる。初めこそ心配したが、いつしか狼少年的になっていった。だからそんな状況を知らない他の人が聞けば、一大事と思って当然。炭粉さん、あなたはベストの方法を採ろうとしてくれた。そしてたまたまくじ運が悪かっただけなのだ。いずれ我々の誰かが……炭粉さんと同じことを経験する羽目になっていたのだ、と。

この親族の方々のお気持ちは、正直とてもありがたいと思いました。しかし私は、自分で自分を許すことが、できませんでした。

「何が活法師だ！　人を救うどころか、今あの男性は瀕死の状態をさまよっているのだ！　全て、俺のせいなのだ！」

沈痛な重い空気の中で、我々は検査の結果を待つしかありませんでした。やがて医師がスキャンした結果とレントゲン写真を持って現れ、こう告げました。

「頭蓋骨にヒビ。そして飲酒していたこともあり、モウモウたる出血が見られます。これが止まらなければ……手術しかありません。まあ、出血さえ止まれば点滴で何とかなるかもしれないが、このアルコール量だと恐らく無理でしょう。今夜いっぱい様子を見て、明日の朝に決めましょう」

これほどに重い足取りで帰路についたことも、今までにはありませんでした。帰宅したときは深夜でしたが、嫁がずっと起きて待ってくれていました。事情は既に伝えてあります。

憔悴し切った私は何も喋る気にはならず、また食事をする気にもなれません。ちゃんと晩御飯を作って待っていてくれた嫁に申しわけないと思いながら、せめて風呂に入り、日本酒を少し呑んで寝ることにしました。

「これが……今まで必死に精進してきた結果だというのか。人を倒すのが目的の殺人術である武術でも、その応用で人の病を治す活法の存在を知ったときには、嬉しかった。こんな俺でも、人のためになれるのだ！　と、そう思ったっけ。けれど、やっぱり武術なんて所詮は人を殺傷する技術にすぎなかったのだ！　もし俺に咄嗟の剛力さえなかったら、こんなことにはならなかった。いや、違う！　そもそも俺が武術や活法などやってさえいなければ、あんな場面に遭遇することさえなかったのだ！」

猛烈な怒りが、悔しさが、込み上げてきます。涙が、その怒りに歪み鬼の形相となった自分の顔を幾筋も流れました。

「大丈夫！　あなたがしたことは絶対に悪い方にはいかない！　きっと、好転する！」

嫁が必死に声をかけてくれます。

「今こそ、中村天風先生の教えを思い出して！」

しかし、無駄でした。起こったことが、大きすぎるのです。如何せん……。そして、遂に私は嫁に向かって吐き捨てるように言ったのです。

「全部、俺が悪いのだ！　全部、武術のせいだ！　俺はもう、金輪際武術などはしない！　武術なんか、今すぐに止めてやるッ！　もう、二度としてたまるかあッ！」

私を少しでも元気づけようとして嫁が懸命に作ってくれたであろう、テーブル上の皿に綺麗に盛られた野菜サラダ……そして中村天風先生を思い出せという彼女の励まし……。それら全てを無駄にしてしまおうとする自分を、本当に不甲斐ないと思いました。

しかし、もう自分の力では、どうしようもなかったのです。

第四の宴の余章「瀬戸際の武縁」

全く眠れないうちに、夜が明けました。

私はあらゆる予定をキャンセルして、病院に向かいます。到着すると、親族の方々も次々に来られました。

やがて皆で医師の報告を受けました。

「奇跡的に、出血は止まりました」

ホォーー……と、感嘆とも溜め息ともつかぬ皆さんの声が響きます。

「これなら……手術の必要はないでしょう。後遺症の問題もありますから、暫く入院して頂かねばなりませんが」

結果を先に申し上げましょう。その男性は何と後遺症も全く出ず、たった一週間で退院してしまうのです！

その間、私は当然毎日病院へ通いましたが、安堵を通り越して、まるで狐につままれた思いになるほどに、それは順調な快復でした。そしてその男性は逆に、私に土下座して謝ってくれたのです。

「炭粉さん、ほんまにすまなんだ！　すまなんだ！」

「い……いや、こちらこそ……申しわけ、ありませんでした……」

親族の方々も「よかったよかった」とむしろ私の方に語り、そして私はこの件で一切のお咎めを受けることはなかったのです。

「………」

確かに、これ以上ないハッピーエンドなのですが、何か私は釈然としないものを感じました。そしてロビーで物思いに耽っていると、そこに担当医が現れ、こう言ったのです。

「しかし……あの頭蓋骨の傷は、あれはどうやら古傷だと思います。でなければ、あれほど酒を呑んでいて出血があああも簡単に止まるとは思えない。あなたは『自分が傷つけた犯人なんだ！』と叫んでいましたが、どうやらそうではないらしい。あの男性、昔に同じ怪我を負った経験があるんじゃないですかねえ。その古い傷口が、今回の衝撃でたまたま開いたのだと私は考えます」

まあ、何はともあれよかったと付け加え、医師は私の肩をポンと叩いて去っていきました。

そしてその男性は無事退院し、やがて失った店の代わりに新たな場所を借りて商売を再開することになります。私はささやかなお祝いを持ってその店を訪れたとき、医師の言葉を思い出しました。そして尋ねたのです、昔に同じところを大怪我したことはありませんでしたか、と。

すると彼は、こう語りました。

「そんなことを医師が……ああ、実はありますねん。恥ずかしい話やが、あれは二十年ほども前かなあ、数人のヤクザ者と大喧嘩になったことがあって。それでフクロダタキにされたんです。もうボコボコにされて、誰かが警察と救急車呼んでくれて病院に担ぎ込まれたんですわ」

ヤッパリ！　そうだったのか！

しかし、その男性はまだ語り続けます。

「けどその病院で手術されるんがどうにも嫌でね、ある日抜け出した。ところがちょっと歩いただけで頭がクラクラしてきて、ほんで倒れそうになったときふと見たら、何や治療院みたいな看板を見つけて、ほんでそこへ入っていったんや……」

その男性によると、その治療院の先生は指圧のような技で治療を施したそうです。すると不思議に状態が良くなったらしい。そしてそれ以後病院にも戻らなかったが、今回の事件まで別に何も起こらなかったと言います。まあ、若干顔の引きつりは跡として残りはしたが……とも。

私はその治療術に興味をそそられ、彼に聞きました。すると彼はこう答えたのです。

「いや、今となってはその治療院がどこにあったかも忘れてしもうたけど……せや！　何やハッコウリュウとか言うてはったわ！　ほんでウチには護身術もあるさかい、もうフクロにされへんためにも習いにおいで、とも言うてはったように思うわ」

これを聞くに及んでそのハッコウリュウという技に興味を引かれた私は、何とかこの男性が入ったという治療院を思い出して欲しいと頼んだのでしたが、「どうしても思い出せない。ただ、その先生は確かもう亡くなったと風の便りで聞いた」とのことでした。それ故私はもうそれ以上は聞くことを止めました。しかし、現実に護身術と治療術の両方を持つ武術が存在するらしいことを知った私は、そのおかげで武術に対して抱いた拒否反応を少し和らげることができたのでした。

いや、それどころかことによると……この男性をかつて治療したそのハッコウリュウの使い手の処置が良ければこそ、今回もことなきを得たのではなかったか。そう思うと、私は微かではありますが再び武術の持つ不思議な魅力に惹かれていったのです。

ひょっとしたら、それを自分に教えるためにこそ、今回の出来事があったと考えるのは、あまりにも短絡的にすぎるだろうか……。

そしてその男性は最後に、こう語りました。

「そういえば、加古川の方にも稽古場があり、上手い先生がおる言うてはったなあ、自分を診てくれたその先生が……」

もう、おわかりでしょう。

この加古川の先生こそ、愛魂ボーイ西山守隆君の御父上、西山玲峰先生その人なのです！

今でこそ、このハッコウリュウ即ち八光流柔術が大東流合気柔術から合気道と共に派生したものであり、皇法指圧と呼ばれる治療術を有することを知る身になりましたが、この出来事を引き起こしたときには未来の全てがまだ、深い霧の中だったのです。しかし予定調和の見えざる糸は、このときから全てを準備し、私達を導いてくれていたのです！

本人達の意識では及びもつかない、その深い場所にて。

その後武術に対する情熱も取り戻し、やがて私は再びその世界に戻っていきます。さらに我が嫁も柔術に興味を抱き、その道に入っていきます。某流派の柔術道場に入門し、有段者となったのです。

こうして我々夫婦は共に武術家として、保江邦夫先生とお会いすることになるのです。

それはこの事件から実に、八年後のことでした。

第五の宴「二人の師と高弟達」

話を、現在に戻しましょう。先述致しましたように、木下淳人合氣道眞伝会会長と畑村洋数空手道拳友会会長が動きます。

まずは木下会長が、関東某市にて私が関東式の教えを受けた先生と会いまみえました。その稽古の後で木下会長からは「あのような身体の使い方があるとは思いませんでした。参考になりました」と、またかの先生からも「木下さんは素晴らしい人材です。おかげ様で合気をより深く考え進めることができました」と各々連絡を頂きました。

そしてそれから一ヵ月半ほど後に、今度は畑村会長が氣空術の仲間達と埼玉県北本市の魂合気研究会大野朝行先生を訪れ、技の交流が行われました。大野先生からも丁重な連絡を頂き、畑村さんからも「炭さん、行ってきたで～！」と、例によって元気なメールが送られてきたのですが、中でも大野先生のお弟子さんの和田一幸君は、氣空術の技によほど驚いたのか「愛魂上げって本当に足が伸びて足の甲まで上がる！　突きも全く痛くないのに吹っ飛ばされる！　しかもその後何故か笑ってしまう！」と大騒ぎになった模様（笑）。さもありなん。

私は彼らの様子をその場で見ていたわけではありませんから想像するしかありませんが、何故かこの両師と木下会長、畑村会長の稽古の模様が兵庫県にいながらにして、よくわかったのです。

両先生、まことにありがとうございました。

さて、私が常々思うことがあるのですが、それは行動すること！　これに尽きます。

合気を研究・修行しようと志す者は、もちろん書物を読んだり稽古をしたりも大切なのはいうまでもありませんが、「これだ！」と思える技を使う人あらば、たとえ仕事や学校を休んででも手弁当下げ地の果てまで訪ね行く覚悟がなければ、とても研究や精進を進めることなんてできない相談なのです。

要はその人にとって、合気が仕事や勉強よりも上にくるかどうかということです。合気を上に持ってこい！　と強制しているのでは決してありません。けれど志とは、そういうものなのです。

そう、言ってしまえば……合気など悟らなくても、武道や武術の稽古はいくらでもできるわけですから。けれど合気とは、最高極意なのです！　いやしくもそれを悟ろうとするのなら、仕事や勉強があるからなどといっていられるわけはありません……と、自分は思うのですが、皆様いかがでしょうか。

保江先生にしたって、木村達雄先生から佐川幸義宗範の話を聞くや、欧州での研究を放り出して帰国されたのですから。

ところで先ほど御登場願った和田一幸君ですが、私はこの時点ではまだ彼とは会ったことはありませんでした。しかしまだ若いにもかかわらず、それこそある高い志を持っておられると聞きました。それは自分の故郷に住む人々の心が荒廃していることを憂慮し、上京して合気道を学ぶことで、その稽古を通してまず自分自身を変え、いつの日にか故郷に帰り道場を建て、人々の心を魂を救いたいというもの。

いやあ、中々に素晴らしい志ではありませんか！　大野先生の下で稽古に励み、いろんな武術家とも交流し、是非貴君の合気道を完成させて下さい！　そしてその志を遂げて下さい！

何故か冠光寺流の愛魂ボーイ・西山守隆君とその姿が重なる和田一幸君よ、及ばずながらこの炭粉良三、力になる！

第五の宴の余章「新新・合気私考」

さて、私が譲り受けた「関東式」ですが、ここでこれを元にしてさらに合気について考えを進めたことを少し、述べておきたいと思います。

まず、平成二十三年の二月十一日、前作『合気流浪』を脱稿した後でもあった私はパソコンを開き、ノンビリとネットサーフィンを楽しんでおりました。すると……ある若い女性グループがスマイルリフティングのホームページを見た影響から岡山の野山武道館に保江邦夫先生を訪ね、一日体験をしたときのことを、その女性達のうちの一人がブログに書いているのを見つけたのです。そこに書かれた感想を何気なく読んでいた私は、思わず「アッ！」と声を上げました。

大変大切なことが、さりげなく書かれていたからです。原文のままではありませんが引用してみると……。

「私達は普段、力を入れて掴まれたら、ついこちらも力を入れて対応するということに慣れ切っている。けれど、力を入れて掴まれても、こちらは力の代わりに愛を入れて動けば、相手はポーーンと飛んでいく……」

これを読んだときから私は一種の悟りを得、座捕り突き倒し（突き倒しの練習のために自分が開発した、両者正座したままでの突き倒し）ができるようになったのです。

では、その悟りとは何か？　それは……。

「『動く』ことと『力を入れる』ことは別」

というものでした。これが理屈抜きにわかったのです。

つまり、こうです。

我々人間というものは、自分一人で動いているときには力を入れようがない。これは処女作『合気解明』の中の「型からの気づき」にも書いたとおりです。我々が自分一人の動きの中で力を入れることができるのは、その動きが終わった後、突きなら突きが終わった後。いってみれば技の死骸。そのときにだけ、自己満足の元となる「力み」を発生させることができる。もし動いている最中に力めば、その動きはぎごちなくなるばかりか、最終的には止まってしまいます。

ところで、たとえば相手から押されたり引かれたりした場合、我々は姿勢を安定させてそれらに逆らうことができますが、そもそも何故逆らえるのかといえば、自分に加えられる相手の力（筋力や体重）に対して逆らえるのです。ということは……もし相手の押したり引いたりの行為に一切の力が入っていなければ、逆らいようがないのです！

何故なら逆らう対象がないからに他なりません。

「そのような動きができるのか？」

できます！　一人で型を演じるときのように、というか、何気なく手や足を動かすときのようにすればよいだけなのです！

ところが……これが途方もなく難しいのです。

たとえば相手を押すとき、押す格好だけやろうとすれば皆様誰でもできるのに、いざ相手の胸や腹に掌を当てて押す段になると、決まって力が入ってしまうのです。力を入れたらできないと助言してさしあげると、

「相手がいるのに力を入れないでいったいどうやって押すのだ？」

という問が必ず返ってくるのでした。

人間は、単なる物体ではありません。

たとえば目の前に重さ七十キロの鉄製の直方体があって、これを押そうとすれば、なるほど力を入れるしかありません。しかし、もし同じ重さの人型の像なら、押すだけでパタンと倒れてしまう。人間の形は極めて不安定だからです（というより、木村達雄先生がおっしゃるように、こんな不安定な形の人間が立っていられることのほうが、よほど不思議なくらいなのです）。

その不安定な人間が押されたり引かれたりしてもおいそれとは倒れないのは、わざわざ相手が加えてきてくれる「力」のおかげなのです！

ですから押すなと引くなとするその動きの中に、まるで相手がいないときにその格好だけをするがごとくに一切の力が入っていなければ、如何にして、何に対して逆らい得るというのでしょうか。自身を安定させ、外力に逆らわせる人間の非物質システムは作動することはできず、その結果その人は人形と化すのです！

これこそが、接触の合気の基本原理。

余談ですが、「突き倒し」が難しい理由がここにあります。突くという行為はただそれだけで凄まじく攻撃的です。ですから相手がいるときにこの行動に出て、そこから力を抜き威力を放棄するのは至難の技といえましょう（因みに、これを完成させたのが、畑村洋数会長の「氣空術」です）。私もいまだこの技に至りませんが、自分の合気修行の大きな目標にこれを置くのは、かくのごとき理由からに他なりません。もし突くという行為から力を抜くことができるようになれば、即ち真の愛魂の完成といってよいと、私の場合は考えているからです。

さらにこの原理を使って、合気上げを説明しましょう。

相手が自分の手首を思い切り押さえつけてきます。しかしこのとき、自分の腕が完全に脱力していれば、自分の腕は相手が加えてくる力に全く関与していないことになります。それなのに相手はウンウン唸りながら押さえつけている。

ではこのとき相手はいったい何に対してウンウン押さえつけようとしているのでしょうか。押さえつけている手首でしょうか？　違います。その正体は……。

実は自分が加えた力が床から（押さえつけている人の手首を通じて）返ってくる、反作用なのです！その跳ね返ってきた反作用に対してさらに力を加えながらウンウン唸っている。即ち、自作自演の力のワンマンショー。だから、下手くそな役者のワンマンショーなど見たくもないと劇場から退席するがごとくに、ハナからこれに全く関与していない自分の腕を上げるだけです。

関与していないのだから、腕を上げるのに力など要らない。

その腕を上げる行為に少しでも力が入れば、相手はその力に対して逆らえますが、そうでない限り、力なく押したり引いたりするときと同じことが起こります。指で上げるときも、割り箸で上げるときも、さらに片手を両手で押さえつけられたときの諸手捕りも、全くこれに同じ。そしてその結果も、同じ。

もし失敗したなら、どこかに力が入ったからに他なりません。そして力が入った原因は「力を入れずにできるはずがない」という「思い」です。

以上のことは、私が前作『合気流浪』で気づいた「準備しない心」を、別の角度から説明したものであることがわかります。何故なら、力を入れずにただ動くことに、どうして準備などいるというのでしょう？　そういうことだったのです。

このことがわかり、座捕り突き倒しができるようにもなった私は、そのブログの主にも大いに感謝し（お礼のコメントを書き込みました。もっとも、彼女は何のことだかわからなかった様子でしたが）、保江先生にもお伝えしますと「よく気づいた！」とお褒め下さいました。

ところが、氣空術の畑村会長に伝えたら……。

「そんなこと、炭さん、初めからワシ言うてるやんッ！」

ときました（笑）。

そう、確かに彼は初めから言っていました。そして私も知識としてだけ頭に入っていました。けれど、畑村会長には技ができ、私はサッパリできなかった。

知識として知ることと、悟りわかることとは、これほどまでに違うのです。

さて、ここで関東式の話に入ります。

前作『合気流浪』でも、技の恒常性を求めて私が関東某市にかの先生を訪ね、その効果に後日気がついて大騒ぎになったことは描きました。先生からのたっての御要望により、お名前などを明かすことができないのが残念ですが、私は先生がこの原理を発見されるに至るまでの苦労をお聞きしております。ですから先生は「この原理を隠すつもりはない。だから炭粉さんがそれを明かしてもよい」とおっしゃって下さいますが、それはどうしても私にはできません。私とは同門だった木下会長にでさえ、私からは教えることはできませんでした。

しかし……親愛なる読者の皆様のため、その原理は伏せながらも、ここで可能な限りの説明を行いたいと思います。

私は以前まだ合気を全否定していた頃、それでも年齢的に筋トレを続けるのに限界を感じ、それを全廃する代わりに古武術などの動きを研究しだした時期がありましたが、この頃に古武術研究家として著名な甲野善紀先生やそのお弟子さんの田中聡氏、中島章夫氏、そして高橋佳三氏の御著書をよく拝見させて頂いたものでした。するとその中に、今の段階で読み直すと合気の立場から見てもおもしろい実験稽古が二つあるので引用させて頂きたいと思います。

まず、合気上げ(「柾目返し」と呼ぶそうです)ですが、片手合気上げ(たとえば受が左手で取の右手首を押さえつけてくる)において、取はあらかじめ自分の左手掌を上に向けて、自分の右手首の下に敷いておきます。その上で受に押さえつけてもらう。このとき、取は押さえられている自分の右手からは一切力を抜き、そして脱力し切った自分の右手ごと、押さえつけてきている受の左手を自分の左手で上げようとすると、何とこれが簡単に上げられるのです（出典『技アリの身体になる―武術ひとり練習帳―』田中聡・中島章夫著＝バジリコ）。

しかしこれは明らかにおかしい。何故なら、もし取の左手一本で上げられるというのなら、右手一本でも上がるはずだからです。しかし掴まれている状態である右手だけの力では、上がらないのです。この現象を、どのように説明することができるのか？

次に、片手を握られたときの振りほどき方、即ち手解きですが、これは各流派で多くの方法論が存在します。しかし最も手っ取り早い方法は（出典はわからないのですが）、取が掴まれている方の自分の腕を、自分のもう一方の手で力いっぱい叩き落とすのです。するとどんなにひ弱な女性が屈強な男に手首などを力いっぱいに握られていても、見事に外れてしまうのです（もちろん自分で自分を思い切り叩くのですから、痛いですが）。

しかし、これも妙な話です。何故なら、取が片方の手一本の振り回す力で受の掴んでいる手を外せるのなら、掴まれている方の手を力一杯振り回しても外せるはず。ところが、そうはいかないのです。

これらの不思議な現象を説明しようと試みる際、合気の立場から重要なものは次の二点です。

まず、いずれの場合も取は受に拘束されていないほうの手や腕を使っているということ。拘束されていないということはもう、それだけで気持ち的にも非常に自由なのです。拘束されているほうの手や腕は、受がかけてくる力や重さをモロに感じ、「何とかしなければ」感に溢れ返っていることに比べれば、天と地ほどにも差ができているわけです。

即ち、拘束されていないほうの手や腕は、余計なことを気にせずにすむ分、無念無想に近い状態。それを動かすことで合気現象が起こると考えられるのです。

さらにもう一つは、受の脳の無意識下での混乱を招くという合気のカラクリを作っている点。受は今までの経験値から、取が抵抗してくる際の一般的な力の出所を予想し、その抵抗を潰す準備をしますが、その力の出所が自分が拘束している部分からではない所からだと、脳はパニックを起こすのです。その結果、合気と同じ現象を誘発すると考えられるのです。

余談ですが、このことがわかってくると、何故空手の古い型に諸手受け（一方の腕に他方の腕を添えて受ける技）が少なからず出てくるかが納得できてきます。一般的に、廻し蹴りなどの強力な蹴り技を受ける際にこれを使うと解説されますが、受けだけに双方の腕を使ってしまうのは次の手技への変化を限定してしまいますから不利ですし、だいいち私は今まで諸手受けを使う選手など、見たことがありません。

つまり、この諸手受けには別の意味があるのです。が、それについては今、語るのは止めておきます。

さて今申し上げた二点のうち、後者の方に着目下さい。

実は、関東式とは……この「力の出所を受の予想する所とは極端に違う場所にて行う」ということを、拘束されている手や腕自体でやってしまうという、驚くべき方法なのです！

ところで、先に紹介させて頂いた方々による古武術系の書籍を読むと、人間とは無意識に……たとえば相手が腕力で押してきたら自分も腕力で返そうとし、肩で押してきたら肩で、体重を使ってきたら自分もそれを使って耐えようとすると書かれておりましたが、確かにそのとおりです。すると関東式のように発力の元が常識値とは全く違う場所からであり、その技を受けた側の人の脳が無意識下で混乱をきたすという状態は、その稽古をお互い充分にやり合った者同士だと、ことによると効かなくなる可能性を秘めているかもしれません。

何故なら、その方法を身体で覚えた者同士であれば、最早それは常識値の範疇に入ってしまい、無意識下での脳判断が混乱をきたさなくなる、つまり技を返せるようになると予想されるからです。

私は思うのです、よく合気柔術や合気道などでいわれる「抵抗力がつく」とは、このような事態を指しているのではないかと。

合気道的な動きを全く知らない我々空手家には非常に有効な身体の使い方も、それを知る者にとってはイーブン化されてしまう。確かにこれは考えられることだと思います。恒常性を求めて得た関東式ですが、いわゆる「合気が効かない」という事態は想像できるのです。

けれども、逆にまたこうもいえます。関東式を封じることができるということは、そもそも封じた側も関東式ができるということに他ならない。即ち、お互いにそのレベルに達しているということです。何故こんなことを申し上げるのかといいますと、実は、私は身近に住んでいる、ある親友にだけは（絶対他言無用と断った上で）試験的に関東式を教えてみたのです。彼は大学時代にはアマチュアのボクシングで兵庫県三位までいったほどの奴。

ところが、全くこれができない。それどころか
「お前の言っている意味がわからん！　第一、お前の言っていることは身体の動かし方とは思えん。だから、そのように動けと言われてもどだい無理や！」

と言い出したのです。

確かにそうなのです。関東式は身体の動かし方であって、しかもそうではない（ここが物凄い矛盾！）。だから、これを聞いただけで本当に使えるには、ある種の素質か、やはり長年にわたる武術の稽古経験が蓄積されていなければならないのかもしれません。とすれば、関東式を封じることができるなら、それはそれで相当のレベルの人だといえます。

しかし私も『合気流浪』で申し上げたように、関東式は原初の合気と考えられる。とすれば、むろんここから無限に拡がる合気の世界に進化してゆける可能性も充分に残されている。全く常識外の場所からの発力といっても、力を使うことには変わりがない。それ故にある程度の恒常性が得られるが、これを元に次の段階に進んでゆく……よほどの天才でもない限り、誰しも通るべき道。

それが、かの先生苦心の発見、関東式の尊さなのだ！

何故なら、これまで述べてきましたように、この方式の中には合気の原理が、それこそギュウッと詰まっていると思われるからです。

ともあれ、このようなことを先に御紹介したかの先生と木下会長からのごく短いメール文から、私はありありと想像することができたのでした。

閑話休題、実はほぼ時を同じくして、木下会長と私はあることに気づきます。それは……「関東式に冠光寺流の理合を通す」ということ！

するとこれがおもしろい効果を顕すのです。というより、我々男にとっては非常に難しい冠光寺流の心的合気モードが、いわば肉体からの合気モードに転化されるため、より簡単かつスピーディにそのモードに入れることを発見したのです。

即ち、関東式の発力ポイントから、力（パワー）の代わりに愛（敵意や憎しみにより発生する、準備された「力」以外の何か）を通すのです。先に詳しく述べましたが、そもそも関東式は相手との接触点にぶつかりを生まぬよう他所からの働きかけにその本質があるため、より愛魂を通しやすいことに我々は気づいたのです。

そうか、だからこそ、関東式は合気に至る道なのだ！

将来、これを私に教えて下さった先生もさらに進化していかれるに違いない。伝授下さった師よ、まことにありがとうございました。不肖炭粉良三も、己の空手稽古を通じて、必死に後を追ってまいる所存。

最後に、再び保江先生の所への一日体験を果たした女性のブログに書かれていた言葉をもって、この「新新・合気私考」を終えることにしたいと思います。

「力の代わりに愛を入れれば、相手がポーーンと飛んでいく」

第六の宴「高弟達の活躍」

さて、このように私が合気に関してあれやこれやと考えている間にも、畑村・木下両会長はさらに動きます。決して澱むことなく！

まずは木下会長ですが、ある日彼からの新たな連絡を受け、私はビックリ仰天します。

「炭粉先生、今度私は東京で行われる近藤孝洋先生の講習会に参加してきます」

近藤孝洋氏!!!

あの……私が岡山の野山武道館にて保江先生とやり合った際の、時間の進み方の異変！　そして「武術の極意を使えば時間流をも変容させることができる」と自著で既に説かれていた、日本……

いや、世界でも恐らく唯一人の武術家！

その後、近藤氏の著されたその『極意の解明――一撃必倒のメカニズム――』（愛隆堂）を保江先生にも贈り、そして保江先生をして「う〜ん、このお方は本当に全てを御存知だ……」と言わしめた、類い稀なる武術の鬼！

彼の講習会を受けるというのか、木下淳人会長!!!

かくて、その年八月に行われたその講習会に参加した木下会長からの報告を読んだ私は、やはり間違いなく近藤氏の技が素晴らしいものであることを嫌が上にも確信するに至ったのでした。

ところでこの講習会、実はもう一人、冠光寺門下からの参加がありました。それは石川督之さん。彼もまた古参であり、元々神戸稽古会のメンバーでしたが、東京へ移られてからは東京道場の道場長として稽古を続けられています。

この石川さんには、一つ思い出があります。同年三月、保江門下の集まりが神戸であったのですが、私はあることに腹を立て、酒も入っていたことから大暴れしてしまったのです。実は、この事件の責任を取る形で私は冠光寺門下を去ります。この頃、既に

「合気の実在がわかりさえすれば、後は自分の流儀の稽古の中でこれを自得するしかない」

との考えも芽生え始めていたのも事実でしたが……保江先生はじめ御迷惑をおかけした関係者の方々にこの場を借りて、改めて謝罪致します。

さて、私が怒りに我を忘れて暴れているとき、それを止めて下さったのが浜口隆之代表と、この石川さんだった。特に石川さんは私の左脇をガチッと固め、そのまま壁に押さえ付けたのですが、この固め技が実に素晴らしかったのです。固められた私は何故かスー…と怒りが納まり、自分の心の奥の方から「見事だ！」と唸る声を、確かに聞いたのでした。

その石川さんが……そして彼の報告にも「近藤先生の腕前はとにかく凄まじいものです！　凄い……」とありますから、これはもう本当に本物です。やはり世の中には凄い人がいるものだと、私はまだ見ぬ達人に思いを馳せたことでした。

そんな中、私が冠光寺門下を去るときに、涙を呑んでメーリングリストから外して下さった畑村洋数会長が、今度は吼える！

「炭さん、遂にできたで！　氣空術の本!!」

実は平成二十二年末、神戸は元町にある焼肉店で畑村会長、私、それに我が嫁と三人で細やかなる忘年会をしていたときのこと、会長が

「何とか自分の技に関する本を著せないかなあ……」

と呟きます。

「それなら畑村さん、悩むよりとにかく書き始めることですよ！　及ばずながら自分も協力しますから」

と答えていたのでしたが……。

そうか！　遂にできたか！

おめでとう、畑村会長!!

氣空術、それは空手という瞬間接触の武術に近年初めて合気を通し得た奇跡の術、肉体の芸術。

思えば彼は、保江先生との邂逅からわずか数ヶ月でこれを完成させるのです。一度その技がどれほ

どのものかを確認しに畑村会長の道場を訪れた私は、それこそ度肝を抜かれます。
己の存在を消し、通常の空手とは真逆の、その突きや蹴りから極力「威力」を抜いていく修行。その威力なき一発の突き、一発の蹴りに私は、なす術なく倒されるのです、何回も、何回も！　受けにしても同じ。こちらが攻撃していけば、その受けや払いが自分の手足に引っ付き、そのまま崩されてしまう……。

「見事だ、畑村会長！　かつて野山武道館で皆が見守る中、空手のスパーをやったとき、お互いの腕が引っ付いてしまい驚いたときから今までの短い間にまさか、これほどまでに技を進化させていたとは……」

合気とは、至難の術です。前著『合気流浪』でも描いたように、私の場合はいまだ自分の空手に合気を通し得ていない。

「愛だ、愛……」

バキイッ!!

「グェッ！　や、やりやがったなあッ！」

ドカーッ!!

「フンッ、見たか！」

やれやれ……いまだにこれが、私の現状なのです。

その間に、畑村会長はここまで自分の技を精進させていたのだから、全くもって驚きの一言です。最後に合気上げはもちろんのこと、保江先生が私にやってみせられたあの突き倒しですら、簡単に再現してのける畑村会長。その摩訶不思議なる氣空術の本が、遂に完成か……。

その本の題名は保江邦夫監修・畑村洋数著『謎の空手・氣空術――合気空手道の誕生――』（海鳴社）。その原稿を読んで、私は何故彼がこれほどまでに早く氣空術を完成させ得たのかを、即座に理解しました。私は保江先生の技を受けるまでは合気を猛烈に否定しておりました。だから先生

の技を受け投げ飛ばされたとき、

「何だコレは?!　こんなバカなはずあるかッ!!」

と足掻き回りました。まあ、その足掻きこそが一連の著述に繋がったのではありますが。

しかし畑村会長の場合は違います。彼は保江先生の技を受けたとき、

「やっと、やっと見つけたぞ！　やはり実在していたんだ合気は！」

と感動したとのこと。そして常に合気に対して抗い続けてきた私の稽古とは全く異なり、畑村会長は中国内家拳や気功をはじめ、常に合気に順風なる稽古を既に充分積んでこられたのです。

私の「足掻き」と畑村会長の「感動」の差、つまり、保江先生は私にとっては入口にすぎなかったのが、畑村会長にとってはまさにゴールだったわけです。ここに、短期間での氣空術完成の秘密があるのです。

出版が、待ちどおしいことでした。

第七の宴「リトルドール、再び」

さて、そんな彼らの活躍に心躍らせながらも、冠光寺門下を去った私は一抹の寂しさを禁じ得ません。そしてこんなときには、芦屋のリトルドールでママさんらと話すのが一番だと思い、その方面への出張施術の帰りに足が向きます。

実は、そう思う前兆は既にあったのです。

大阪は吹田市に住まれる方から施術の依頼があり、初めてうかがったときにその女性のお名前を聞いた私は驚きます。何と、滸（これで「ほとり」と読む）！

ホホー……と感心する私に、その方はさらに告げました。

「私は三人姉妹の真ん中でして、各々漢字一字の名前なんです。妹は渚《なぎさ》、そして姉は〜」

そう、何故か私はお姉さんのお名前だけ、失念してしまいます。

さて、しかし渚さんはともかく、辭さんという珍しい名前を仕入れ、私は直ぐに思い立ちます。

「そうだ！　これをクイズにして、リトルドールのママや常連客に出題してやろう」

と。

あの店は芦屋という場所柄、博学な方や勘の働く方が集うからです。そして何よりママも相当頭がキレる（注：「すぐ怒る」という当世の意味ではない。頭の回転が速いという意味）。しかしさすがの彼女らも、これはわかるまい……とほくそえみ、意気揚々と訪れたのでした。

ところが、あろうことかママは私が失念した長女を除くこの姉妹二人の名前を、二人とも連続であっという間に当ててしまうのです！　それもほとんどノーヒントで。

状況を説明致しますと、私は店に着いて直ぐさま「漢字一字からなる女性の名前を当ててみよう！そのうちの一つは特に珍しく、サンズイヘンの漢字一字で……」と言っただけでした。その直後、ママが「へ～、ホトリさんとかナギサさんとか……」と、まるで呟くように即答したのです！

私は、絶句!!

その場には、もう一人住吉さんという常連の男性客が来ていましたが、私の様子に気づいてか暫し店の中は沈黙の空気が流れ、やがてママが、

「え？　もしかして、私、当たったん?!」

「………」

二の句を差せないとは、こういうことをいうのでしょうか。私は度肝を抜かれて、暫くの間放心するしかありませんでした。

「な…何でわかったん？　ひょっとして、滸という漢字、知ってたん？」

やっとそう言う私に対して、彼女はこともなげに言いました。漢字のことは考えなかった、と。いや、たとえ考えていたとしてもです、一撃で当てられるものでしょうか？

しかもママは、もう一つの渚さんの方までも当てているのです！　もし正解率を計算すれば、いったいどれほど小さい数字になるのかわからない。それを……。

一人はしゃぐママの姿を見ながら、私は思いました。

「まるで植芝盛平翁と木村達雄先生のエピソードだ、これは……」

と。

このエピソードとは、木村・保江両先生の御著書に共通に描かれている有名なもので、昔木村先生がまだ合気道修行時代、本部道場での稽古後に植芝翁が

「合気がわかるということは、遠くアメリカにいる友人のこともこの場で直ちにわかるということ」

と言われたのに対して、若き木村先生が

「そんなことできるもんか」

と心の中で思った瞬間、植芝翁がツカツカと木村先生の前にやってこられて裂帛《れっぱく》の気合い一閃！

驚いた木村先生はコテンと倒れてしまうというものです。

さて、このリトルドールでのクイズ話には後日談があります。私が吹田の患者さんに改めて尋ねた、失念していた長女のお名前を一週間後に同じようにママに試しに行くと、これが丸っきりダメ（笑）。「ええ〜とぉ……」と彼女はこのとき、考えてしまったからです。

つまり、考えては勘が働かなくなってしまう。しかしながら、勘が速いタイプの彼女なればこそ起こし得たこの小さな奇跡は、時間と合気の関連を考える私にとっては、大いに参考になる出来事ではありました。

しかし、このエピソードは前述致しましたように、前兆だったのです！

さらに一週間後にリトルドールを訪れたとき、保江邦夫流愛魂を研究する上で非常に興味深い示唆を、まさかここのママから与えられることになろうとは……。

いつものことではありますが、想像だにしなかったことだったのです。

第八の宴「原初の愛」

冠光寺門下の弟子達の活躍を横目で見ながら、稽古や施術行脚の道すがら、合気や愛魂についての考察を続ける日々が続きます。煮詰まれば、即ち酒！

富万、くらうど、十両、リトルドール……。「煩悩是道場」と、大昔の西域の名僧クマラージーバも語っておられるではありませんか。

前述したような経緯から、最近では俄然リトルドールが面白くなってまいります。で、例のクイズ騒ぎの驚きも消えた頃、ママがこんなことを言い出した。

「何年か前のこと、確かＮＨＫだったと思うけれど、人類に最も近い猿について特集していた」

と。何でそんな話になったのか、いまだによくわからないのですが……。

「チンパンジー？」

と問い直す私に、彼女は

「いやチンパンジーではない」

と言います。かといって、ゴリラやオランウータンでもない。聞き慣れない名前だったので、名前は忘れたとのこと。

ママの話によると、その猿は相当知能が高いらしく、教えれば人語を解するようにもなり、火のつけ方もマスターし、テレビゲームもできるようになるとのことでした。

妙に気になったので、帰宅後パソコンで「人類に最も近い猿」で検索し調べたところ、たくさんの記事や写真を見ることができました。そしてその記事や解説を読むにつけ、私は愕然とします。そして、その内容を保江先生にもお伝えしたところ、先生もいたく驚かれ感心されるに至ったのです。

その猿の名は、ボノボ（別名ピグミーチンパンジー）。

外面的特徴は、体長六十センチとチンパンジーに比べて小型であること。手足が長いこと。そしてチンパンジーをはじめ他のどの類人猿よりも、直立二足歩行が得意であること。しかし、この猿には……他の猿、いや動物全種類に比べて、もっと驚くべき特性があるのです！

ボノボは、完璧なる平和主義者。

チンパンジーは獰猛であり、他の群れがすれ違っただけでもしばしば抗争を起こすといいます。また、ストレスなどから仲間を虐《いじ》めたり殺したり、子育てを放棄したり子猿を殺したりもするそうです。この事情は、他の類人猿にも見られるが、ボノボだけは独特の方法で、この争いやストレスによる仲間殺しを避けるのです！

その方法とは、何と異性間の交尾！　そして同性間の自慰行為助成！

これは我々が考えるより、遥かに物凄いことなのです。

考えてもみて下さい。人間を除く動物にはそれぞれ、発情期というものが存在します。ここでくどくど述べませんが、動物達が特定の時期に発情期を迎え、その結果特定の時期に繁殖するにはもちろん、その種を守る理由があります。そして彼らは、発情期以外には性行動を取ることはありません。しかしこのボノボは、我々人類と同じく発情期以外の時期にもそれらの行為を同種間で、挨拶代わりに行うというのです！

しかも、争いやストレスを回避する手段として、です！

これを知ったとき、私はたちどころに下記のように思い至りました。

「何故人間は単なる繁殖行動である性行動に『愛』なる概念を冠したのか、今まで非常に疑問だった。しかし同時にこの疑問は、どこかで既に答を知っているような気配も、確かに感じていた。まるで解答を知りながら敢えて疑問文の形を取ることで意味を強調する、修辞疑問（反語）のごとく。それは恐らく……太古の昔、我々人類もボノボ達と同じく、性行動を単なる繁殖行為として以上の目的で使っていたからではなかったか。だからこそ我々人類にも発情期がないのではないか。争いを避けストレスを消するため、即ち同種間の『愛』のために！」

だとしたら、これは本当に凄いことです。教えることで火をおこせるようになったり、ルールを理解してテレビゲームができるようになる、あるいは道具を使うことを覚えるといった知能や進化どころの騒ぎではありません、決して！

お互いのことを慮《おもんぱか》る「愛」という抽象的な概念の萌芽！

それを……ことによると我々人類は、まさに悪魔サタンの甘言に堕して、間違った方向にねじ曲げてしまったのではないか……。

何れに致しましても、これは紛れもなく原初の愛と呼べるものに違いない。そして私が抱いてきた疑問に対する答なのかもしれない。

何ということだ！　猿に教えられるとは……。


我々人類とゴリラやオランウータンは、祖先が違うそうです。チンパンジーだけが、我々と共通の祖先を持つ。

人類とチンパンジーの共通の祖先は、太古のアフリカに住んでいた。ところが地殻変動でできた山脈によって彼らが住んでいた地域は二分され、片方には森林が残ったが、もう片方は草原と化す。そして草原のみとなった地域に住まざるを得なくなった祖先のほうはやがて直立二足歩行を選び人類に進化し、森林が残った地域に残された祖先がチンパンジーになる。そしてチンパンジーになりきる前に枝分かれしたグループが存在し、さらに独特の進化を遂げた。それがボノボだ、とのことです。

冠光寺眞法を説明するにあたり、常に保江先生は「愛」を説かれます。

けれどもこれが我々をして、眞法をわかりにくいものにしているといっても過言ではありません。

先生にしてみれば、本当に原理はこれだけ。だから、隠さずに教えているのに、何故皆は難しいと言うのだろう……と思っておられることでしょう。

だから、これを身につけようとする者は、是が非でもこの先生言われるところの「愛」がわからねばなりません。

それが基本であり、そしてそれが全てなのです。

先生はまた、こうも言われます。

「愛に種類はない。愛は一つだ」

と。つまり、異性間の恋愛も同性間の友愛も、さらには親子愛や同門愛はもちろん、物に対して抱く愛着に至るまで、全ては同じ「愛」なのです。

そうなのかも、しれません。

ボノボが我々の眼前に示してくれる、単純な原初の愛を知れば知るほど。

ともあれ、こうして彼らは……弱肉強食の野生の世界にあって、平和な社会を実現してのけているのです！

まさに……。

自我による力のぶつかりを消滅させることで顕現するシンクロ運動「合気」も、たとえ我々人類から見れば摩訶不思議な奇跡であっても、彼らにとっては単なる当たり前の挨拶行動にすぎないのかもしれない……。

どっちが、偉いのだろうか。人類と、このボノボとでは。

それにしてもリトルドールって、不思議な店だ……。

第九の宴「彼方からの来訪者」

やがて十月に入り、はるばる新潟から一人の青年が兵庫の片隅にある拙宅まで訪ねてきました。

誰あろう、あの魂合気研究会・大野朝行先生のお弟子さん、和田一幸君です。

実は、これには経緯があります。

先に描きましたように、合気道を通じて故郷を活性化させようとの大志を抱き埼玉に出てきて修行中の和田君でしたが、ここにきて彼のお母さんの患う緑内障が悪化、修行を断念して帰省せざるを得なくなったのでした。それを彼のブログで知った私は

「もしこちらに来られるならば、冠光寺流活法を無償にて伝授するが……」


と水を向けたのです。「行きます！」と、和田君は即答して来ました。

さすがです。これこそ、私のいう「行動力」！

こうして、七時間を超える旅をしてきた彼をまず三宮の焼鳥屋くらうどで迎えました。先に埼玉を訪れた畑村さんから様子は聞いておりましたものの、我々は二人共、初対面です。会ってみると、和田君は私より遥かに背の高い細身のイケメン男性でした。二十九歳の既婚者で、幼い子供さんが一人います。

私が彼を呼び、活法を教えようと思いついた背景には、かつて私も母の緑内障を治癒させた経験

があることと、前著『合気流浪』で描いたパーキンソン病患者の容体が急に好転の兆しを見せてきていたからでした。

「今、このときこそが、旬なのかもしれない！」

そう思っての当方からの打診に……よく来た！　和田一幸!!

さて、共にくらうどで呑んだ（さすが新潟県人、酒に強い！）翌朝十時に駅で待ち合わせ、保江先生と我々夫婦が初めて会いまみえた神社に詣でて祈願、その後拙宅に移動して伝授開始。しかし次々に我が「合気シリーズ」縁《ゆかり》の場所を目の当たりにし、拙書の熱心な読者でもある和田君は感慨無量の御様子。

「あ！　あれが中村天風先生の書か……う〜ん、確かに天風先生のサインがある！」

当たり前です和田君、私は嘘は申しません（笑）。

伝授は二時間半あまりで終了しましたが、その休憩時間には冠光寺流の合気上げ、そして関東式の合気上げ諸手捕りを披露。私より大きい青年が立ち上がる様を正座状態から見上げていると、中々迫力ものです。もっとも、本人としては「何で立つのかな……」といぶかしげ。おいおい和田君、確か畑村さんにも既に上げられたやろ？　何を今さら（笑）。

ともあれ、時間をかけて伝授は丁寧にしっかりとできました。

後は、君の精進にかかっている。

だが、必ず上手くいく！

何故だか、そんな気がするよ……。近くの教会の十字架見下ろす小路を、彼を送るために共に歩きながら、私はそう思いました。

心地よい疲労感が、ますます私をその思いに誘います。

「炭粉先生、本当にありがとうございました」

「お母さんを、大切にね！　そして合気道の修行も同時に頑張って下さい！」

さあ、ここからは駅まで一本道だ。気をつけて。

遠ざかるその後ろ姿を見送りながら、思いました。良い半日だったと。さて、こちらも仕事に出かけるとするか。

この一件、後ほど保江先生からは労いの、そして埼玉の大野先生からは身にあまるお礼のメールを頂きました。

和田一幸君、時間はどれほどかかってもよい。どうかお母さんを治してあげられますように！

炭粉良三は、遥か兵庫の地から祈っています。ただ、ひたすらに。

第十の宴「予定調和の囁き」

その和田君がこちらに来る少し前のことです。

その日、大阪方面での施術が終わって帰りの電車に乗っていたとき、ある駅にさしかかった際に、ふと思い出した人物がありました。久加原豪太君……彼は確か、この駅付近に住んでいたはずだ……。

何故、そのときに限って彼を思い出したのかは全くわかりません。今までだって何回もその駅を通過しているのです。けれど、どういうわけか急に「連絡してみよう。はたして今日本にいるのかどうかはわからないが」という気持ちになったのでした、その日に限って急に。

久加原豪太、オーストラリア人の父と日本人の母を持つハーフ男性。私より一回り以上は若い、そして一回り以上体も大きい、中国拳法家。確か専門は内家の通背拳だったか……。

彼との出会いは、いささか風変わりでした。

尼崎方面での仕事の後で疲れ切った私は、神戸の三宮に立ち寄ってタイ式マッサージの店に飛び込みました。今でこそタイ式は有名になり町のそこここに店ができていますが、当時（そう、十年ほども前か……）はまだ一、二軒の店があるだけでした。すると、そこに彼がいたのです。体をほぐしてもらううちに……。

「お客さん、何かしてますね」

「空手を少々」

「ほほう、実は僕も拳法を少々」

「ほほう！　では一度お手合わせを」

とどのつまりは、こうなります。

で、拳を合わせたら……これがまた、空手とは全く違う動き！　まるで蛇のごとく絡みついてくる手刀。苦し紛れに前蹴りで追っ払う。結局勝負はつかず、双方共に「う～ん……」。

それからというもの、親しく技の交換などもし、彼が打撃系格闘技の試合に出る際には、その練習として彼の勤め先近くの公園で組手をバンバンやりました。

その頃から、彼には一人、夏樹さんという可愛い女性の姿が常に共にありました。彼女も共に中国拳法を学んでいるとのこと。それでその女性が「推手しましょうよ」などと言うのです。それでやってみるとこれが……全く敵わない！　自分ら空手家の剛力を見事に交わし、あるいは吸収し、気がつけば私の方が転がされている……やれやれ、けったい（変）な技やなあ……と思いつつ、しかしそれはそれで楽しかったのです。そして……。

私が公園のベンチに座り暫し休憩している間にも、この二人は推手の稽古をしていました。夕暮れの逆光の中でシルエットとして浮かび上がった二人の姿はとても美しく見え、「あ、コイツら……多分結婚するな」と直感したものでした。けれども……その試合の後、彼は本場中国での修行を志し、実際にかの地へと旅立ってしまうのです。
爾来、音信不通。

さて、そんな久加原君を何故だか急に思い出した私は、手帳をまさぐってみました。すると昔々に殴り書きした彼のパソコンのアドレスが出てきたのでした。そこで、そのアドレスに近況報告と、どうしてるのか？　とメールを認め送ったのです。すると……。

「炭粉さん！　久し振り！　いや〜懐かしいですね。もちろん日本に帰ってますよ。あ、そうだ！実は夏樹さんと今年の一月に入籍、次の日曜日に遅ればせながら披露宴を三宮でするんです！よかったら、炭粉さん御夫婦で参加してもらえたら嬉しいなあ……」

と返信が返ってくる！
何と！　ヤッパリ!!
それにしても、何というタイミングだろう!!!

「私はね、絶対にあの二人、結婚すると思ってた！　夏樹さん、よかったなあ……」

嫁が、したり顔でそう言いました。しかも、忙しい彼女も披露宴の日には予定がないという。かくて、我々夫婦は揃って久加原君、夏樹さんの披露宴を祝ってあげることができたのです。和田君が帰った、二日後のことでした。

久加原君達のお師匠とも、本当にお久し振りに会えました。

「先生！　お元気そうで」

「おお、君は！」

そして……楽しい宴は神戸三宮カトリック教会の十字架見下ろすパブにて始まりました。飛び入りの私が、乾杯の音頭を取らせて頂いて。

太極拳の皆様、通背拳の皆様、ありがとうございました！

久加原君、夏樹さん、おめでとう！

ささやかだけど、しかし大切な、予定調和の囁き。感謝です。お幸せに!!!　しかし久加原君、君とは本当に、奇妙な縁だなあ（笑）。

第十一の宴「フォースを追い求めた者達の宴」

数ヶ月話は戻り、それは風薫る五月のことでした。

ちょうど私がこの原稿を書き始めたその頃、生まれ故郷の東神戸の下町に建つ老人ホームにて仕事の帰り、私は久し振りに地元で不動産業を営む旧友と出会います。彼は、今までコンタクトがなかったある同級生が、最近連絡をくれるようになったと私に告げました。何でもフルコンの空手をやっていて昇段も近いとのことで、「お前ならいろいろアドバイスもできるやろと思ってな」と。

しかし私はその同級生・青柳慶君のことは全く知りませんでした。同じクラスになったことがなかったからです。そこで帰宅後卒業アルバムを開いてみると、おお、確かに写っている。

青柳君か……しかし彼は我が同窓会には、件の東京の我が拳友、そしてかくいう私・炭粉という有段者が既にいることを知っているのだろうか。

いずれにしても、お仲間です。私はさっそくその青柳君と連絡を取ってみることにしました。故郷の（といっても彼の場合、途中から我が小学校に転入してきて、さらに中学時代に引っ越していくのですが）自分の同級生に、兄弟流派のフルコンの有段者が二人もいることを、青柳君は大変喜びました。会ったことはなかったのですが、話し方も柔らかく好感が持てたので、以降私は不動産屋の旧友が言ったとおりに彼にいろいろとアドバイスを与えると同時に、この二年間に自分が経験した合気のことや、保江先生や自分の著書のことなどを伝えたのです。するとさっそくそれらの本を購入し読んでくれた彼は「こんなことがあるのか……」と大変心動かされた模様。

さて、その青柳君、実は加古川に住んでいます。加古川といえば、鳩山支部長に例の愛魂ボーイ・西山君が冠光寺流関西支部と加古川道場を守っています。だからさっそく青柳君は動いた（そう、この行動力！）。

まずは加古川道場に見学に行き、支部の方々も親切に接して下さったようで、以後青柳君は空手の修行と共に、その道場にて合気道や杖術、そして冠光寺流柔術の稽古も行うようになっていったのでした。

月日は巡り、やがて彼の初段昇段の荒行が迫ってきます。

「いいか青柳、合気のことはいったん全て忘れろ！　そして間合いを詰めて対戦相手の上段に対する大技を封じ、ひたすら鎖骨を打ち前足の急所（三陰交）をイン・ローで攻め続けろ！　間違っても、後ろに退くなよッ!!」

この頃までには、私は一度加古川道場の宴会に顔を出したので、青柳君ともそのときに初めて会うこともできていました。だから直前のアドバイスにも思わず力が入ります。

そして、その青柳君の昇段審査の日が、ついにめぐってきました！

その日の夕刻、所用でJR兵庫駅を訪れていた私の携帯電話が鳴ります。折しも本降りの雨の中、一通のメールが着信したのです。

「何とか、昇段できました。ありがとうございました、押忍！　青柳慶」

そうかッ!!　青柳よ、よくやった！

これで、当同窓会にはフルコン有段者が三人も揃う最強（？）の会になったぞ！　よかったなあ。

これからも精進、怠るな……。

同窓生青柳君の昇段。それを陰ながら喜ぶ自分に、やがて十一月がやってきます。真っ青な空と白い雲、秋晴れの爽やかな天気の下、自宅にて「関東式」をヒントに自分で編み出した合気用鍛練を、今は冠光寺門下からは離れた一人身となって黙々と続ける自分に、さらに素晴らしい知らせが二件届きます。

まずは、拳友会の畑村会長の快挙！　十一月三日に遂に彼の著書『謎の空手・氣空術──合気空手道の誕生──』が海鳴社から発売されるや、ネット書店大手の Amazon で武術部門堂々の第一位を獲得するばかりか、Amazon 全書籍中何と八百十八位をマークしたのです！

み、三桁……見事だ畑村会長、貴方のこれまでの全精進が今、大輪の花を咲かせている！

技の完成度はその氣空の拳を直接この身に受け続けた、私が一番よく知っている……。実は、この畑村会長の氣空術の技を分析するために、私達はよく二人で実験を行ったのでした。中でも、保江先生との技の攻防の中で私が最も驚嘆した技「突き倒し」！

この技に対する執念はむしろ、私の方が畑村会長を上回っていました。

「炭さん、中段に直接突き入れたら危ないかもしれん！　ミットで行こう！」

「いや、直接腹に受けなかったら感覚がわからへん！　いいから直接こい、畑やん！」

そして、彼の突きを受けたときの、とてつもない衝撃!!

「グワアッ!」

前屈立ちに磐石に構え腹筋の緊張をマックスにしていたにもかかわらず、ひとたまりもなく倒され畳に叩きつけられる。

「グッ……あ、あれ? あれあれ??」

そして立ち上がろうとするときには、あれほどの衝撃が嘘のように、全く後遺症が残っていないという不思議!

そして簡単に立ち上がってしまえるのでした。

「何や今の? あの衝撃は気のせい? アハハハハ!」

と思わず漏れる笑い声。愛魂の真髄。

おめでとう、畑村洋数！

亡くなられた奥様も、さぞやお喜びのことだろう……。感慨に浸りながら暫し鍛練を止め、綺麗な秋空を窓から見上げるや、今度は東京の木下会長からの知らせが届きます。この二人は本当に連動するなあ……。


「炭粉先生、聞いて下さい！　実は日曜日、保江先生が東京道場に来られ、何と私が先生の『突き倒し』の受を務めることになったのです。そして経験しました！　あの神秘の技を……全く痛みはないのに、アッと思ったときには倒されてしまっていました！　そこで……その後、自分の合氣道の稽古の際に、弟子には何も語らずにおき、ただ前屈立ちでシッカリ構え両掌を重ねて出してもらいました。で、合気の状態になってその弟子の掌を突くと、彼は三メートルほども後方にぶっ飛び倒れました！　これには、倒れた弟子以上に突いた自分自身が驚いてしまったのです……」

何と、木下会長も開眼したというのか!! あの、突き倒しを……。

仕事は入っていない、好天十一月の、静かな昼下がり。鍛練器具をしまい、正座して暫くの間、黙想しました。

皆、凄い……青柳も、畑村会長も、そして、木下会長も。

まさに、フォースを追い求めた者達の宴だ……不思議と、何の焦りもありませんでした。

ただ、嬉しかったのです。

そして、このときほのかに、こう思いました。


「そうか……実りの秋なのだ、今こそ。宴ができるほどに豊かな収穫をもって」

「保江先生に投げ飛ばされてから二年数ヶ月、それからずっと一連の合気シリーズを書いてきた自分だったが、その仕事はそろそろ終わりに近づいたのかもしれないなあ……」


もう一度、木下会長からの知らせを読み直しました。するとその知らせが、木下会長の快挙と同時に、保江先生が来られたその東京道場の稽古に群馬の加藤さんが参加されたことを告げているのに気がついたのです。

第十二の宴「加藤久雄という名の愛魂」

群馬の小学校教諭、加藤久雄。

かつて私が冠光寺門下だった頃の、自慢すべき弟弟子でした。その素晴らしい活躍のほんの一部を、拙書『合気真伝――フォースを追い求めた空手家のその後――』(海鳴社)でも紹介致しましたが、その詳細は何よりも彼の著書『どんぐり亭物語――子ども達への感謝と希望の日々――』(海鳴社)にて、叙情豊かに描かれています。若い学生時代にせっかく地球の大自然から教えられた尊い真実。それを己の増長から見失ってしまう。そんな加藤さんを救ったのが、障害を持つ若者達が作ってくれた粗末な竹トンボだった。

猛省の後、一念発起！

忘れかけていた素晴らしい大自然の真実を取り戻し、さらにそれを皆と分かち合うために、彼はただでさえ多忙を極める教諭職の合間を必死に縫い、群馬の山奥、雑木林の中に「どんぐり亭」なる山小屋を建てる。そこへ辿り着くまでの悪戦苦闘をも巧みに包括する、まるで美しい音楽のような予定調和。

しかし、この豊かな自然の中で不登校などの問題を抱える子供達を救わんとする彼の仕事は、苦難に満ちていた。

遂に救えなかった不登校児ユキオ。

病気の樹木に自分を重ねて「先生はあの木、治せないの？」と問うた女の子に満足に答えられなかったが故に、その子を去らせてしまったこともあった。この苦い経験から彼はさらに自分にムチ打ち、超多忙の中で猛勉強の果てに、樹医になることに成功する。どんぐり亭を訪れてくれる子供達が、二度と再びその女の子のように失望することがないように。

そして、アスペルガーに苦しむシンちゃんとの邂逅。シンちゃんという男の子と、そのクラスの子供達との心温まる、そして時には心引き裂かれる交流の日々。その中で、彼は保江邦夫先生と出会うのです。

愛魂……武道家ではない彼が、それを必死に模索する苦難の日々……しかし徐々に彼は愛魂の示すところを悟っていきます。そして感動のシンちゃんの卒業式へと繋がりゆく、美しい自然の光景の中で織り成される一篇の叙情詩……。

ハッと、我に返りました。実際には行ったことがないどんぐり亭と、そこに展開される物語を夢想するうちに、秋の日はとうに暮れてしまっていました。

その後、嫁と遅い夕食をとっていたときのことです。保江先生からメールが届きました。

「炭粉さんが今執筆中の『合気群像』は私の門下の方々の活躍を描くものだとお聞きしましたが、それなら是非群馬の加藤さんの活躍も描いて下さい！　『どんぐり亭物語』で語られた後も、彼はまことに素晴らしい活躍をされています。その内容を今から炭粉さんに送ります」

そしてほどなくして先生から送られてきた加藤さん御自身のレポートを読んだとき、私は仰天してしまうのです！

「まさか……こんなことまでやってのけるとは！　加藤さん、もはや貴方の愛魂は……とても私の弟弟子などというレベルでは、ない!!」

喜び感動した私は、さっそく加藤さんにその快挙を描く旨を打診したのです。だが……。

「炭粉様、喜んで頂けたのは実に嬉しい。けれどその話はいまだ進行中なのです。御存知のように、私の仕事は繊細を極めます。今の段階でそれを発表すると、どんな支障が起こるかわからないのです」

そうか！　申しわけなかった、加藤さん。

まだ、物語になっていないのですね。よくわかりました。そして今こそ、私は加藤さんに提案します。

「やがて、その話が物語になったとき、加藤さん御自身がそれを描いて下さい！　愛魂を希求する者達のために。そして何より、全国にいるであろう、その苦しみに悩む人達のために！」

『続・どんぐり亭物語』を著すのだ！　加藤さん。

そう、これは、私の仕事ではなかった。私の勇み足を、どうか許して下さい……。

かくのごとき我々のやり取りを、私は保江先生にもお知らせし了解を得ました。そして、改めて『どんぐり亭物語』を読み返し始めました。

「何て素晴らしい本なんだ……読み込めば読み込むほどに、その場面が目の前に浮かんでくるかのよう……んッ？　……アッ!!!」

ちょうど一年ほど前の今頃、私は中村天風先生から突然の啓示「準備しない心」を受け、慄然としました。その様子は前著『合気流浪――フォースを追い求めた空手家に蘇る時空を超えた教え――』（海鳴社）にも描いたとおりです。だが、今またそれに匹敵する素晴らしい啓示を、加藤さんの著書から受けたのです！　雷《いかずち》のごとく!!

「こ……こんな大切なことを自分は読み飛ばしていたのか」

何ということだろう。『どんぐり亭物語』の、それもトッパシに書いてある、我々合気を希求する武道家にとって最も重要なポイントが見えなかったとは……。

なんて愚かだったんだろう！

第十三の宴「秒速五十センチ」

カリカリカリカリ……どんぐり亭に珈琲豆を挽く音がせわしなく響く（今日のお母さんは、だいぶいらだっているようだなあ）。

僕は、その音を聞いて、いつものように来亭者の心の内を感じようとする。

ここでは、すべての時間がゆっくり流れる。秒速五〇cmの時間。蛍の舞う速さ。

（加藤久雄著『どんぐり亭物語――子ども達への感謝と希望の日々――』海鳴社刊より抜粋）

どんぐり亭の噂を聞きつけ取材にきた新聞社の女性記者に、加藤さんは語ります。

「日本人が大好きな、蛍、桜、そしてぼたん雪の共通点を知っていますか。それはスピードです。

蛍が飛ぶ速さも、桜が散る速さも、ぼたん雪が降る速さも同じ、秒速五十センチなんだそうです」

と。

彼は、さだまさしさんのコンサートに行った際、さださんからこの話を聞いたとのことです。そして、さらにこう続けます。

「日本人はそれらの様子だけではなく、その速度を愛したのではないか」

と。

私は、この本に描かれる加藤さんと子供達との素晴らしい交流、あるいはどんぐり亭を囲む美しい自然のほうにのみ目を、耳を取られ、そもそもこの一連の物語に実に叙情豊かな気配を与えているその根元を語る彼自身の重大な言葉に、今の今まで気がつかなかったのです。それはまた、加藤さんの愛魂の根元でもあり、その故に彼はどんぐり亭を訪れる人達の心を開かせ、彼らの魂と共に在ることができたのでしょう。

折りも折り、『どんぐり亭物語』を再読してそれに気づいた日がたまたま自分の稽古日だったこともあり、私はスパーリングの際にさっそくこの「秒速五十センチの突き蹴り」で臨んだのです。あまりにも経験したことのない世界だったので、それがどういうものかをここで言うのは止めましょう。というより、言葉でどう表現してよいかわからないのです。起こった出来事、つまり自分には力感覚がないにもかかわらず相手が入ってこれなくなる……その突きや蹴りが当たれば相手は後ろに退いてしまう、ということは書けますが、もうそんなことは、どうでもいいのでした。困惑しながらも「あれえ？」という少し楽しそうな相手の表情を見ているだけで、自分も心満ちるのです。

何せ、手応えなどありませんから、相手だって決して痛さなど感じていないことでしょう。

その世界には、保江邦夫先生がおられました。氣空術を編み出した畑村洋数会長の姿もある。

「ハハ〜！　炭さん、やっと扉が開いたねえ！」

という、畑村さんの例の明るい声が聞こえてくるようです。

スパーリングが終わって稽古も終了し、着替える前に私は稽古生の一人を捕まえ、彼に前屈立ちになって両掌を重ねて前に出してもらいました。そしてその掌を突いてみたのです。

ここで相手がバターッと倒れれば、絵に描いたような結末ですね。しかし、倒れません。わずかにグラついただけです。

しかし、それでよいのです。何の失敗感も無念さも、ありはしない。そしてその代わりに、こう呟いていました。

「近い！　本当に、あと少しだ」

と。

「え？　何が近いんですか？」

わけがわからず訝《いぶか》る稽古生に、

「いやいや、別に何でもないよ」

と答える。

読者の皆様に、念のために申し上げておきましょう。といっても、一連の拙書を読んで下さっている皆様なら、こんなことは老婆心でしょうが……。

秒速五十センチ。時速に直せば千八百メートル。つまり人が歩く速さの半分以下という低速。けれどそれは、文字どおりその速さになるなどという唯物論的な理屈ではありません。

夏の夜空を舞う、蛍になるのです。

春に舞い散る桜の花びらに、冬の日に降るぼたん雪になるのです。

人の心を癒し愛される、それらのもの達に。

「汝の敵を、愛せよ」

「準備しない、心」

師の言葉も、自分の気づきも、みんなそこにありました。

そしてそれは、誰の教えも今は直接受けることもなくなり孤独に合気を追求する私にとっては、充分なことでした。

そのあくる日のこと、帰宅して風呂に入り、いつものように晩酌です。すると……。

「待てよ！　自分が読み飛ばしていたこの秒速五十センチ、最近どこか別のところで読んだような……」

とわずかに心に引っ掛かった、その刹那！

「アッ!!　和田君だ！　和田君のブログに、確か……」

直ぐに確認しました。

彼が新潟からわざわざ私に会いに来てくれたときの様子、そして自分の感想を書いてくれた一連の文章の中に、あった！　秒速五十センチ!!　彼は『どんぐり亭物語』を読み、この部分が大切であることを、ちゃんと見抜いていたのです、既に！

何ということでしょう。このブログを読んだときでさえ、私の目には映っていたにもかかわらず見えていなかったことを、この大切な合気の、否、愛魂の真実を、新潟から私に教えを乞いにやってきた和田君から逆に教わっていたのです。

気づかないうちに。

かつての弟弟子に諭され、今はまた武道では遥かに後輩の若者に教えられるとは……。

加藤さん、和田君、許せ！　この鈍足極まりない炭粉という亀を。

もう、こうなったら呑むしかありません。一歩前進できた喜びの余韻と恥じ入る気持ちとが交錯する中で、あまり強くはない日本酒を進めていきました。けれど強くはないから酔っ払う前に止めよう。そう思い、五合瓶に蓋をしてメールを確認して寝ようとすると、群馬から加藤さんが一通のメールをくれているのに気づきました。さっそく読んでみると……。

「先日、保江先生が東京道場に教えにこられた際の稽古に自分も参加しました。畑村さんの『謎の空手・氣空術』も順調でよかった。あの不思議な氣空の拳を分析するため、生身の体に技を受けたそうですが、炭粉さんも本当によい仕事をなさいましたね。そう、東京道場の稽古においても、保江先生もその他の皆さんも、誰一人炭粉さんが冠光寺門下を出たなどと思ってはいませんでした。だから僕も、弟弟子のままです。たとえ兄弟子が、どう言おうと。あ、もう呑んでる時間ですね。失礼致します……」

大粒の涙が、ポタポタと落ちました。これが、これこそが、合気を成立させるために必要不可欠なる、真の「結び」か。

「チィッ！　せっかく呑んだ酒が、皆出ていってしまう！……」

終わった。

先日、木下会長から突き倒し成功の知らせを受けたときにも漠然とながら感じたことでしたが、私が保江先生に投げ飛ばされてから必死に考えてきた合気を私考する仕事が、たった今。

何故なら、見よ！

私のごとき亀を追い抜き追い越し、私に関わってくれた方々が、これほどまでに見事な精進を遂げられたのですから！

もはや、私には何も言うことはありません。

不思議な気持ちです。

実際には訪れたことのない、群馬のどんぐり亭。

そのどんぐり亭を囲む雑木林の木々草々から、フゥ……と風が吹いてくるのを感じます。

その風の色は、青。

透明感を伴わせた、青い風。


何かに似ている……。

とても懐かしい、何かに。


自分では、とっくにわかっていたのです。

遥か昔、どうしようもなかった、あの高校時代。まるで爽やかな青い風が吹いてくるように聴こえてきた、あの蒼き歌声に、それは似ているのでした……。

第二部　保江邦夫を解く！

第二部の端書き

個人的なことで申しわけありませんが、保江邦夫先生との邂逅からおよそ三年の年月が流れました。

この三年の間に冠光寺流柔術はめざましい拡がりを見せます。元々は岡山の野山武道館に先生が奉職される女子大学の合気道部部員や有志だけが集まって、細々と稽古をする状態であったと聞きます。私が先生と出会った頃は、ちょうど先生の合気三部作の最初の作品である『合気開眼——ある隠遁者の教え——』（海鳴社）が世に拡がり始めた頃、即ち冠光寺流柔術が世に知られ、やがて今日のような拡がりを見せる、ちょうどその萌芽の時期でした。

今では、東京をはじめ各地に道場や稽古会ができ、実際に先生も各地に赴かれ指導行脚の御様子、隔世の感を禁じ得ません。

まことにもって、慶賀の至りです。

私もその間に『合気解明』『合気真伝』『合気流浪』（三作共に海鳴社）を世に出すことができ、合気に対して自分なりに考えたことや稽古の模様などを、飾らずありのままに書いてまいりましたが、まさかこれほどまでに冠光寺流が流布されるとは思ってもみませんでした。

重ねて申し上げます、まことにもって慶賀の至り。

けれども……。

最近ふと思うことがあります、

「しかしながら問題も、なきにしもあらず」

と。

「炭粉よ、お前はいったい何様のつもりだ？　偉そうに！」

お怒り、ごもっともです。しかし少し聞いて頂きたい。

冠光寺流に興味を大いに抱いた、ある武道をなさっている方が我々を訪ねてこられたときのことです。その日は稽古日ではなく、従って先生もいらっしゃいませんでした。私は既に稽古会を去り、流浪の身ではありますが、たまたまその日は執筆中の本書の取材のため、そこに居合わせただけです。そこで、その方の望まれるままに仕方なく拙い技を二、三手披露した際、彼は「おお！」と驚き（というよりは、喜び）私の技にかかって崩れました。だが、私は心中穏やかならざる思いで崩れる彼を眺めていたのです。何故なら、私は明らかに合気がけに失敗していたからです。

「あり得ない！ これで崩れるなんて。ズブの素人ならともかく、武道経験者が……」

ラポールです、これが世にいう。

彼の気持ちは、痛いほどにわかります。折角わざわざ訪ねてきた。すると幸運なことに炭粉良三がいた！

「これは冠光寺流の真髄が経験できるに違いない。おお！ これか……さ、さすがだ！」

そうです、そのとおり！　炭粉良三など、全く何様でもありません。合気に関してはただの求道者の端くれにしかすぎない。そしてそのとき私は強く思いました。もし各々の道場や稽古会で同じようなことが起こっていたとするならば、これは冠光寺流の将来にとってまことに由々しき問題だと。今はネット時代です。ネットの世界を覗いてみると、種々な事項に関して実にさまざまな書き込みが見られます。むろん冠光寺流に関しても例外ではありません。そこには合気に対する相変わらずの誤解や曲解、罵詈雑言が飛び交っています。

ここで、勘違いなさらないで頂きたいことがあります。

私は何も保江邦夫という人物を、それらの罵詈雑言から護りたいなどという気持ちは毛頭ありません。何故なら、私が保江邦夫という人物から知らしめられた真実こそが自分にとって大切なことであり、他の人達が合気をどう誤解しようが、知ったことではないからです。武道を本格的に修行しておられる方々にはおわかり頂けるでしょうが、武の道においては師は一人。保江先生もお若いときには合気道や薙刀などを修行され各々に師はおられるが、絶対的な師匠は母流である大東流の佐川幸義宗範ただ一人。そして私にとっては大東流は母流ではないのです。むろん冠光寺流もです。

私は、保江先生が使われる合気（愛魂）にこそ畏怖の念を抱くのであって、決して保江先生御自身を神格化するものではありません。だから人情的絡みからでも「何とかして差し上げよう」などとは全く思いません。誤解曲解をする方々は、そのままで大いに結構。ですから、どんな書き込みがネット上に現れようと微笑みながら眺めることができるのです。けれども……。

真摯に合気を求めようとしているにもかかわらず、いまだ合気を経験されていない方々にとっては、そのような書き込みはまことに有害としか言いようがありません。「所詮合気とはそんなものか」と彼らの探究を鈍らせてしまう可能性があるからです。

さらに怖いのは、そういった失望感を味わいたくないという意識が強く出た場合、本気で追究しようとする方々の心の中に前述したラポールを生む可能性が高まること。合気を悟れる者の数は、まことに知れています。けれども一人でも多くの合気使いを、との思いを保江先生がお持ちだとしたら、この点に関してのみ、炭粉良三は動くべきだと強く感じたのです。何故なら私も同意であり、何より私自身、合気使いになることを希求しているからに他なりません。だからこそ、恥を忍んで自らのことも書いてきたのです。

合気の稽古は、あくまで本気で取り組まなければなりません。

冠光寺流には既に多くの優れた実戦派のお弟子さん達がおられます。たまたま私がこの二人しかそのタイプの高弟と知己を得ていないということですが、氣空術主宰、拳友会会長・畑村洋数氏や合氣道眞伝会会長・木下淳人氏との交流が、今は流浪の身となった私には大変励みとなっています。

畑村会長とは『合気真伝』で描いたようにお互いの腕がくっついてしまうというとんでもない経験を得ましたが、これも本気でドッキにいったからこそ生まれた奇跡でした。また、木下会長に至っては掛け手（合気柔術における自由乱取り）に於いて本気で保江先生に打ちかかり、先生の合気で投げ飛ばされた炭粉に次ぐ第二の男にめでたくなられました。

そう、これらの要素を断じて避けてはならないのです。

そこで、私はこれからさまざまに発展していこうとする冠光寺流の時間を敢えて逆行し、保江先生と初めてやりあったときを今一度思い起こそうと考えました。

「ぶっ潰してやる！」

「合気など、あってまたるか！」

あくまでも戦闘モードを崩さずかかっていったあのときの「保江邦夫の技」を今一度振り返り、「保江邦夫とは何か」を解くことによって、見えてくるであろう「保江愛魂」の真実を、読者諸兄と共に垣間見るために……。

合気と愛魂の真実を、今一度しっかりと伝えておくために。

「保江邦夫を、解く！」

その一「合気の実在」

誰が何と言おうが、合気は実在する!!!

これがまず一番大切なことであり、この事実を知ることこそが最初の一歩です。ただでさえ絵空事のような合気なのです、「あるのかな〜、ないのかな〜」では、話にならない！だから合気を求める方々の中に、まだそんなレベルの人がいるのでしたら、悪いことは言わない。今直ぐに、実際に合気を使える人に土下座してでも、投げ飛ばしてもらって下さい。さもなきゃ、「ふんッ、合気なんか存在するものか！　バカバカしい……」と嘯いて、御退場願いたい。


ヤラセ？

ラポール？

とんでもない!!

何が悲しくて……「バカげたことを言いおって！」と合気を否定し続けてきた自分が、そんなことをする必要がありましょう？

初めて保江先生とお会いしたときは、それこそ渾身の力を使って合気上げや突き倒しの阻止にかかったのです。

当たり前です！　見事に破って「ほ～ら見ろ！　何が合気じゃ!!!」と頭ごなしに叫んでやろうと考えていたのですから。

ところが簡単に上げられ突き倒され、こちらはグウの音も出ない。


で、仕切り直し。

その五ヶ月後に、このままでは収まらない私は、まるで道場破りのように岡山の先生を訪れ

「実際の自由攻防ともなれば、そうはいかない！　お相手を」
と迫れば、後はもう、まるで妖術……崩されるわ投げられるわ、挙げ句に先生の姿がフッと消えるわ……。

「やらんかったらよかった」（笑）

今一度、言います。
合気は本当に、実在します!!!

「お前の修行が足らへんだけちゃうんかいッ？」

いいえ、違います。

その二「老いと重力」

さて、ではいったい如何にして保江邦夫という男は合気を使えるようになったのでしょうか？彼の著書によれば、それに至るまでのさまざまな霊的体験も描かれてはいますが、本当のところはどうだったのか。

それを検証する前にまず、言っておきたいことがあります（否定したい方々は、どうぞ御自由に御否定下さい）。

「合気とは、他力本願である」

そう、自力本願で「俺が！　俺が!!」といくら頑張っても、合気など身には付きません。

これはまさに合気の本質に迫ることなのですが、若いうちには合気が悟れなかった者達が……長年の修行の後にこの境地に辿り着く（もちろんごくわずかの者達だけですが）。この事態を冷静に考えると、見えてくることが一つある。

長年修行を続けるということは「歳をとる」ということです。何しろ武術（いや、全ての芸事もそうでしょうが）の修行など、十年が一スパンなんですから。それを少なくとも三スパン（つまり三十年）続けなければ、よほどの天才でもない限り何もわかりはしません。

もっとも……続けたら絶対至れるわけでもありませんが。

この辺、合気とは宝くじのようなものだといえるかもしれません。買ったからといって当たるとは限らないどころか、当たらないことのほうが圧倒的に多い。さりとて買わなければ絶対に当たらない。

話が少し横道に逸れました。戻しましょう。

それで、誰だって長年の修行で歳をとる。すると当然筋力は衰えてゆきます。

実はこの「筋力の衰え」が大切なのです、合気に気付くためには！

若い元気な頃は、筋力も強く身体はしっかりしています。ところで、そもそも筋肉とは重力（即ち「重さ」）に逆らって、自重ある身体を動かすためのものですから、これが元気なときには自分の身体にかかっている重力（＝重さ）に全く気付きません。中国内家拳系の鍛練でもやり込まない限り（この点、内家拳の理合は実に素晴らしい発想です）。ところが人間は筋力の衰えから、自分の身体は実は大変に重いものであることが、逆にわかってくる。普通の方々ならばそれで終わりかもしれませんが、その「今まで感じることのなかった自重」に興味を持った者達はさらにそれを楽しむうちに、身体の中を貫く「軸」のようなものの存在を感じるようになります。

その正体は、重力線。

自分の身体全体が地球の中心に向かって引っ張られている、その道筋です。これが感じられるとき、身体の筋肉は二足で直立するために最低必要な部分だけが働いていて、他の部分は完全にオフの状態になっている。また、だからこそ自分に働く重力が感じられるわけなのですが、元気な若者にとっては難しいこの状態が、衰えた年寄りには衰え故に容易なのです！

そう、だからまさに衰えるとは……今まで「俺が俺が筋力」で全く感じることのなかった見えざる「他力」に気付くことと、同義なのです！　その最初の「他力」が、実は重力。

「んなもん、重力なんかお前に言われんでも、とうに知ってるわい！」

などと言わないで下さい。

知ってることと、実際にその存在を感知することには、雲泥の差があるのですから。

その三「重さによる技の限界とその克服」

重力を知り、即ち自分の体の重さを感知し、その重さを最低限の筋肉の働きでもってただ体を動かすことにより使用すること。これはまことにもって、合気の入口であり、基本である要素を含んでおります。何故なら……。

まず、技の効果に自重を使用するために必要な筋肉収縮を実現するためには、意識に攻撃心がわずかでもあってはならないからです。これがあればとたんに筋肉収縮は筋力モードへと移り、「力」は生じますが「重さ」はその筋力の分、消失してしまいます。脱力による「技」ではなく、脱力によって得た「重さ」を技に運ぶためには、当然身体を動かすだけの筋肉の働きは必要なのです。もしそれさえも否定するなら、いったい如何にして「技」たる「動き」ができるというのでしょうか。

さて、この「重さ」が相手に作用した際には、次の事項が有効に働くことになります。

それは、重さは力と違い瞬時に相手の体に影響を及ぼすことができるということです。力はそれを生み出す元が筋肉の意識的な収縮である限り、「準備」が必要になってきます。けれども（当たり前の話ですが）重さとは「意識」や「意志」とは何ら関係はありません。従って、三キロの重さの物なら初めからその重さであって、その三キロを得るために準備するなどという行為は必要ないわけです。

少し鍛えた人の腕なら、およそ三キロの重さはありましょうから、筋力行使の意識によってその分を軽くしてしまう愚行さえ避ければ、その重さはたちまちにして相手の身体に伝わるわけです。

そしてその「たちまち」さが相手の経験値（人間のかけてくる力は大体こんなものだという気持ち。多くの場合は、自分が影響を与えられるまでにタイムラグがあると考える漠然とした「安心感」）を突破し、それによってパニックを起こした脳が判断を狂わされてしまうという事態が導かれる。

けれども、です。

さて、この事態は常に起こり得るでしょうか？

たとえば誰かに三キロの鉄アレイを下に落としてもらい、それを途中で自分がキャッチする。むろん、落下の距離が充分長ければ加速度が付きますからキャッチなどできなくなりましょうが、たかだか一メートルほどの落下なら、受け止めることは容易です。重さというもの自体に準備が要らなくとも、これを受け止めることができるということは、やがて腕なら腕、脚なら脚の重さを用いた攻撃技でも相手に防御されてしまうということが予想されます。

いわゆる「慣れ」というヤツです。初めてなら有効でしょうが、それは人間の脳判断の経験値が、人間の生身の攻撃技を受けるのと鉄アレイを受けるのとでは異なるということを知っているが故の効果であり、「いや同じ場合もり得る」と学習されることでその重さによる効果が経験値の中に組み込まれてしまえば、それで終わりなのです。

しかし、前述致しましたように恐らくは老いによる筋力低下から（ひょっとしたらリンゴの実が落ちるのを見て引力を発見したというニュートンよりも早くに）重力という他力に気付いた古の武術家達は、腕や脚だけの部分的な重さではなく、それらを含む体全体の重さをまとめて使う技術を編み出していったと考えられます。三キロなら受け止められるが、これが七十キロともなれば、話は違ってくるからです。

ここではそれらの技術について細かく語りませんが、膝抜きや身体のタメを使わぬ、いわゆる古武術の体術がそれです。自分の体重全体を腕や脚（場合によっては指）から使えるようになるために、クッションになってしまう各関節を固定する（つまり体の「遊び」を取り去る）、これらの技術を追求した者達は、独特の骨の感覚を身に付けることでこれを達成し、故にその感覚を骨《コツ》と称して後世に残そうとしたのではなかったか……私にはどうも、そのように思われてならないのです。

その四「汝ら請う、其本《そのもと》を務めよ」

誤解のないように、初めに申し上げます。

それらの古武術的体術は、何れも大変素晴らしいものだと思います。筋力やタメを使う西洋の運動理論からでは想像もつかないその動きは、まさに西洋人をして「東洋の神秘」と感嘆させるに足るものだからです。

けれども……。

しかし、やがてもっと歳をとり、そのような体術を導く動きすらできなくなってしまえばどうでしょうか。そのとき、古の武術家は覚悟を決めたことでしょう。それが平和な時代なら、深山幽谷に籠り書画をよくし、やがて朽ちる。また合戦の最中なら、敵の手に落ちるよりはと潔く自決、または敢えて相手の手柄にせよと「とくと首を取れ」……即ち、武士道の成立です。

けれども、何れにしても彼らはそれらの行為を支える美学（哲学）の中に、なにがしかの宗教性を見出していったのは想像がつきます。そう！　他力とは、決して重力だけではないと。

生きることとは、いったいどういうことだったのか。死を覚悟し、死ぬことから逆に生きることを改めて問うたとき、そこに顕れる見えざるものの存在！

現在の科学からいえば、ではそもそも何故重力という見えざる力が存在するのか。その理由、というより意味、否、摂理とは？　生命とは何か。そもそも何故生命力という見えざる力が存在するのか。その理由、意味、摂理とは？

私達人間の如何なる行為も、地球という星を始め他の天体の存在はもちろん、それを存在させる裏方の見えざる摂理なくしては成り立たない。技術がおびただしく進歩した外科手術といえども、そもそも傷を治す自然治癒を成立させる生命力という裏方の見えざる摂理なくしては成り立たない。

生きているステージから考える限り、あまりにも当たり前のこととして処理され省みられることもない、見えざるこれらの与件も、死ぬというステージから生きるということを振り返るとき、見えぬまでもその存在を、気配を悟り得る……。

「汝ら請う、其本《そのもと》を務めよ。白雲は百丈の大功を感じ、虎丘は白雲の遺訓を嘆ず。先規茲《かく》のごとし。誤って葉を摘み、枝を尋ぬること莫《なく》んば好し」

これは、拙書『合気解明——フォースを追い求めた空手家の記録——』にも紹介した、吉川英治著『宮本武蔵』に出てくる禅宗の言葉ですが、まさに……雲を動かす力、それを見送る山を存在させる力を感知し、それこそを求めなさい、誤って目に見える動きそのものに心を奪われるな、という戒めでしょう。

以上のことを念頭に置き、さて、ここでこの第二部のテーマ、保江邦夫という人物を改めて省みると、どうなるか。

その五「保江邦夫を、解く！」

彼は、世界的な物理学者です。

科学や学問の世界がいったいどういったものなのか、少なくとも大凡人の私には全く想像さえつきません。けれども彼の数冊の自伝を多角的に読み込むと、その輪郭だけは朧気ながら見えてきます。

かつては宇宙のことや星のことが大好きだった保江少年が、やがて天文学や物理学を本格的に目指そうと学問の道に入れば、そこで彼を待っていたものは……既に発見された法則に従い数式を計算していくという（彼にとって）あまりにも退屈な作業だった。そのため彼はそんな学問に失望していきますが、この失望によりかえって、自分がいったい何を求めていたのかを知ることになったのではないでしょうか。

著書の中にも書かれてありますが、そんな環境の中で選んだ基礎理論物理学は、彼自身の自嘲的な言葉を借りれば

「何の役にも立たない」

こと、即ち発見された法則があるとして、それではそもそも何故その法則が成り立つのかを考える学問であったそうです。

確かに、そんなことは置いておき、せっかく発見された法則なんだから後はそれに基づきどんどん計算を発展させていく行為に比べれば、無駄な作業に見えます。けれども、この気持ちこそ私に

は前述致しました「他力」の存在を認め、それがいったい何なのかを追究していく晩年の武術家と同じ心を生む素質の萌芽と見えて仕方がないのです。

科学者であるにもかかわらず、法則が発見され実証されたというだけでは決して満足せず、

「それが成り立つのは何故だ？」

ということにずっと引っかかる……。

そして、彼はやがて垣間見てしまう！

本来は決して見えるはずのない、他力躍る世界を。我々が「世界」だと思っているもの、それを成立させている裏方の真の姿を！

それはまさに、死ぬというステージから生きるということを省みる行為が導いた出来事だったといえましょう。

癌の告知を受けた彼がとった行動は、およそ科学者たり得ないものです。何しろ、抗癌剤治療を拒否し、こともあろうにルルドの泉などにすがったのですから。「溺れるものは、藁をもすがる」といいます。そしてこのルルドの泉の奇跡譚はなるほど有名ではあります。

けれども、この泉の水が効果を顕す確率は大変低いということも実は周知の事実。だからこそ、これにより完治した人達の話が奇跡譚たり得るのです。

勘違いしてはならないこと、それはルルドの泉の水が奇跡なのではなく、それにより治ったことこそが奇跡なのだと一般人である私でさえわかることを、あのシュレーディンガー方程式でさえ凌駕するというヤスエ方程式を導き出した一代の天才物理学者に、いったいわからないものなのでしょうか。

いいえ、断じてそんなことはあり得ません。

ということは……。

彼がそのような科学者としては破天荒極まる行動に打って出た理由はそれ故に、我々が言う「溺れる者は……」とは少し異なっていたはずです。

そう、彼にすれば、所詮人間が作り出した「自力」である抗癌剤よりも、かのカトリック聖母伝説の聖地ルルドやファテマに確実にすがるべき「藁」という予定調和が存在するばかりか、その小さく細い藁が自分の溺死を止め得るだけの「他力」を有しているという確信があったのではないでしょうか。

保江邦夫という科学者が、自分の癌死というステージから直ちに見えざる他力の存在を確信でき得る素質を持っていたことは、遥か昔から法則の裏側にあるはずである見えざる摂理を考えずにはおかないという性格に既にその兆候を見ることができます。さらにいえば、彼が狼狽を見せたのは癌の告知を受けたからではなく、彼が心から畏怖し師事した神父エスタニスラウの他界を知ったからでした。この事実は既に彼にとって、たかが癌など神父を通して顕現する他力の前ではものの数ではないという確信が生まれていたことを意味します。

どだい、物理学者がカトリック神父にわざわざ会いに行くということ自体が充分に破天荒なのです！

けれども、一度は面会を断られた彼が不思議な導きにより神父と出会ってしまう経験を語るあたりから、癌から救われ偶然にも合気を悟ってしまうまでの彼の語り口はもはや、とても科学者のものとはいえない表現に満たされてくるのです。

「何なんだこれは?!」

「いったい、何を言いたいのだ?!」

「ひょっとして、トンデモの部類なのか？　やはり……」

そう、保江邦夫を解くためには、今まで語ってきた彼の性格や人生だけを辿って論理的に理解できたつもりになっても不充分。この段階に至るや全くのチンプンカンプン、わけがわからない事態に突入してしまうのです。

特に、彼を通じて「合気」を学ぼうとする多くの武道家達にとっては。

では「保江邦夫を、解く！」作業は、ここまでで終わるしかないのでしょうか。

そして彼がいう合気や愛魂は、所詮彼による自作自演の戯言なのでしょうか。

その六「事実と真実」

聖母マリア、天使長ミカエル、悪魔サタン……。

このような固有名詞が出てきただけで、もう拒否反応を示される方々も多いだろうと思います。

キリスト、愛、魂……。

「もう、いい加減にしてくれ！　俺は武道の合気に興味があるのだ。宗教の話など、どこか他でやってくれ！」

いや、ごもっとも!!

この第二部の端書きでも申し上げましたが、私は何も保江邦夫という人物を擁護する気持ちなど、毛頭ありません。それどころか、上記したような感想を持たれる方々のお気持ちは痛いほどによくわかります。

先ほど

「合気や愛魂などは所詮彼の自作自演の戯言にすぎないのか」

と申しましたが、実はこれに関してだけ私は明確に

「否！」

と言えます。これも端書きにて申し上げましたとおり、合気は確実に存在するものだからです。絶対に間違いは、ありません（というか、これが「彼の戯言」であったなら、どんなに楽だったろうか……）！

だからこそ、私も初期の頃は彼いうところのマリア、ミカエル……云々には閉口致しました。そして、こう思った。

「あ、この人、教える気ないんだ」

けれども、それなら本を出版することもなかったろうし、実際会ってみても、あまりにも彼がそのような固有名詞を説明に使うので、

「いや待て、やはり真実なのかも。この中にこそ、何かとんでもないものが隠されているのかも……」

と思いつつ、正直かなりの忍耐が要りましたが彼の話に耳を傾ける努力をしようとしてきました。

そんな中で、ある日私は書店で、あの無農薬りんごで有名な木村秋則氏の著書『すべては宇宙の采配』（東方出版）に出会うのです。

一読して、ぶっ飛びました。

「な、なんやコレはあッ‼」

トンデモ本ッ！　オカルト！

それは私が最も嫌うジャンル！　宇宙人だのＵＦＯだの……正直、買って損したと思いました。周りの皆から白眼視されながら必死に努力を重ね、ついに不可能といわれていた無農薬でのりんご栽培に成功する苦労談義を期待していた私は完全に肩透かしを喰らった形になり、そしてこう思ったのも事実。

「宇宙人をマリアやミカエルに置き換えりゃ、まるで保江先生の本みたいだ。ひょっとして自分が成功したのは宇宙人のおかげなどと言い出すんじゃないだろうな！」

それは怒り呆れる読後感を伴い、気分のよいものではなかったのです、初読のときには。

ところが……。それから暫く経ってから何の気なしに拾い読みしていたときに気付いたのです、大変重要なことに！

木村氏は何度やっても失敗する絶望に打ちのめされて山中をさすらったとき、野生のりんごの木を発見します。それを見たときに初めて

「こうすればよいのか！」

と開眼されたといいます。そして遂に無農薬栽培を成功させて

「あの山の中の木のおかげだ」


と、その木を感謝の気持ちと共に再訪すると……何と、それはりんごの木ではなく、どんぐりの木だったと書かれてある！

これを読んだとき、私はハッと気付いたのです。

「そうか！『事実』と『真実』は、異なるのだ！」

と。

確かに、その木はどんぐりの木。何回見ても、誰が見ても、どんぐりの木。

これは「事実」。

しかし！　木村氏を成功に導く偉大なる啓示を与えたその木は、そのときには確かに、りんごの木だったのです、木村氏にとっては！

これこそが「真実」。

事実と真実の違いについてはしばしば語られ、今まで読んできてもいたのですが、そのことが初めて理屈を超えて、ストンと自分の腑に落ちたのでした。

その一種の悟りのおかげで、私はこれまた初めて、保江邦夫いうところのさまざまな怪奇譚を「真実」として受け止めることができるようになりました。

夜のルルドの宿にて黙々とチョコレートケーキを食べながら「勇気を出せ」と囁いて消えた男。クリスマスイブの夜更けに水汲み場に現れた少女。泉で彼を凍死させようと企てたサタンの化身の女。

迷う彼を護り導く、謎の光。

ファテマの聖堂にいなかったはずの白鳩。

これらは全て、保江邦夫という男にとっては真実だったのです!! だからそれが、難解な言い方だが……「事実であった必要はない」!!

そして、その野生のりんごの木を見た木村氏の「真実」が無農薬りんご栽培を成功させるという「事実」を導いたように、保江邦夫にとってはそれら摩訶不思議な人物の行動や謎の光という「真実」が、自分の生存と「合気」という「事実」を導いたのです。

りんごは、事実りんご。見れば食べれば、誰だってわかる。

合気は、事実合気。技にかけられれば、誰だってわかる。

そして彼、保江邦夫は今現実に、生きているのです。

そうです! 真実とは、見えざる他力が……ほんのときたま、悩み苦しみそして求める人達に贈る「神のギフト」。そしてそれは後に必ず、誰の目にも明らかなる事実の実を結ぶのです!

まさに、

「求めよ、さらば与えられん」（イエス・キリスト）

その「神のギフト」をとおして、癌さえも治癒させてくれた他力に、存在することを許してくれる、否、自分を含めて全てのものをこの瞬間、存在させて下さる「愛」を見た彼がやがて、合気を愛魂と呼ぶようになっていくのは、私にはわかるような気がします。何故なら私だって、信仰心の欠片《かけら》もない自分が突然イエス・キリストが「合気を教えてあげよう」などと語る夢を見、その日のうちに保江邦夫著『合気開眼――ある隠遁者の教え――』と出会うばかりか、遥か昔にその隠遁者・エスタニスラウ神父がモンセラートの山中にて荒行中の映像をテレビで見ていたという特別付録付きの不思議経験者なのですから。

私の身に起こったこれらの出来事は全て「真実」だったのです。それらは合気という「事実」を、私の眼前に突きつけたのでした。

真実を理解できるかどうかは、ひとえにその人の歩んできた人生によると私には思えます。ひょっとしたら、一種の素質が必要なのかもしれません。ですから、もし一連の私の解説が難解だと思われる方々がおられましたら、「真実」を「シンボル（象徴）」と考えて頂ければわかりやすいかもしれません。なにがしかの事実を後に誘発する可能性を秘めた出来事の、見えざる裏方を見える形として表すシンボルとして……。

第二部の後書き

さて、以上私が保江邦夫先生に師事しておよそ三年のうちに至った、保江先生御自身に対する解釈を申し上げてまいりました。

それを読んで頂ければおわかりかと思いますが、私が最も伝えたかったこととはズバリ……。

「合気は、事実でなければならない！」

これに尽きます。

端書きでも語りましたが、それを追求する稽古の中に、万が一にもラポールなどあってはならない！

もちろん、いきなりガチンコの掛け手（自由組手）をしろといっているわけではありません。段階を追った約束組手（シチュエーションを固定して行う稽古）は非常に大切です。だがッ！

くれぐれも、全力で行うべきです、受は!!!　手加減無用！　気遣い、また無用！

取についていえば、「全力」は合気の敵ですから、全てを棄てる合気モードの訓練をしなければならないが……これまた変な言い方ですが（どうかニュアンスをわかって下さい！）、全力で、棄てる稽古をして下さい。

馴れ合いになってはダメです。そんなことになるくらいなら、元の木阿弥だと言われようが、力と力の攻防の中で何回も何回も痛い、悔しい思いを繰り返しながら切磋琢磨する従来の競技武道のほうがよほど優れていることを、どうかお忘れなく！

特定のグループ内での馴れ合いの下でだけ通用する「合気」、いや「極意」など、我々フルコン空手は数秒で粉砕致します。これもまた、「合気は実在する」ということと同様、私は皆様にお約束致します。

師を選ぶこと。

選んだならば、全力でかかっていくこと。

全力でかからせてくれない人は、信用してはなりません。特に若い人で、本当に強くなりたいと思っている人に申しますが、信用できない人の下で稽古するくらいなら、一日千回の腕立て伏せをして下さい。私も、やりましたよ若いときには。そのほうが、よほどよい。

これから冠光寺流は益々拡がっていくことでしょう。それは素晴らしいことです。

かつてはその門下にいた私は、今でも必死に合気を追求しています。そういう意味では、まだ門下の皆様と仲間だと思っています。

だから、申し上げます！

「くれぐれも、本気で！」

そう、合気はフルコンでなければなりません、絶対に!!!

ここまで書き進めてきて、今ふと思いました。
そうか、合気と愛魂の違いとは……。

合気とは、事実。
そして愛魂とは、真実……

なのかもしれません。
ありがとうございました。

第三部　合気完結

——フォースを追い求めた空手家の流浪終了、そして久遠の旅へ——

第三部の端書き

ハイボールを、呑んでいました。一人で。

私とは、縁もゆかりもなかった阪神電車沿線の神戸の下町・大石にある、串一番という居酒屋にて。

「炭粉さん、またわざわざそんな遠くにまで行くんですか〜？」

「マスターはいつも俺に対してそう言うねえ。あの日も、そうだった……」

三年半前の六月、当時は神戸の繁華街・三宮近辺にあった居酒屋でマスターをしていた彼が、常連としてそこを訪れ呑んでいた私にこう言いました。

「炭粉さん、何にもわざわざ芦屋のスナックなんかに行かなくてもええやないですか。スナックっちゅうのは初めての人が一人で飛び込む所とちゃいまっせ！　誰か常連客に連れていってもらうんならともかく……」

どうにも気になるスナックとおぼしき店が芦屋にある。一度行ってみたいと何故か強く思う。だが、さすがに一人でシラフで飛び込む勇気はない。そこでこの店で先に呑み、酔った勢いで行ってみる。

マスターにそう告げて、もうビールは二本目でした。

「無理して行かんでも、ウチで呑んどいたらええやん」

マスターは笑いながらさらにそう付け加えます。

「いや……やっぱり行ってくる！　いったん気になり出したら、俺はアカンねん！　何かに引っ張られるような気がする。この時間なら、まだ常連も来てないやろう。今のうちに行ってくる！」

珍しく夕方早めにその日の仕事が終わり、長く日差し引っ張る夏とはいえまだ明るいうちから呑みだしていた私は、やがて決然とマスターにそう告げるや席を立ちました。目指すは、リトルドール。仕事で芦屋を廻るうちに見つけた、何故か心引かれる不思議な店……。

それからの出来事は既に拙書にも描いてきたとおりですが、その後に保江先生の合気と遭遇し、専ら芦屋や大阪で呑むようになったりで、いつしか三宮界隈からは足が遠退いていきました。そして一年ほども前のこと、ふと気になり、たまたま仕事でこの街に来た際に久し振りに寄ってみると、その居酒屋はもうなくなっていたのでした。

ところが最近のこと、ＪＲ六甲道駅付近に仕事に出かけて昼食をとろうと入った定食屋でバッタリ、そのマスターとはちあわせしたのでした。

「久し振りやないか炭粉さん！　どないしとんの？」

「それはこっちのセリフや！」

そして彼から、場所を変えオーナーも変わって今ではバイトの女性すら雇って頑張っていることを聞き、その店の屋号と場所を知ったのでした。

「炭粉さんの性分やねえ。僕やったらそんなことわざわざせえへんけどね。技を試すためだけに横浜くんだりまで行くなんて」

お代わりのハイボールを持ってきてくれたのは、由岐さんという女性アルバイトの方。

「しかし考えたら、不思議な名前やなあ。由紀さんなら普通だが」

「そう、よう言われます。分岐の『岐』だから」

「分岐かあ……。マスター、やっぱり行ってくる！　横浜に。また、何かが待ってくれてるような気がするし。合氣道の元世界チャンピオンと、手合わせしてくるわ！」

いうまでもなく、冠光寺流柔術七段にして合氣道眞伝会会長・木下淳人氏のことです。

報告によれば、彼は関東式を封じ、突き倒しをも完成したという！　おいそれとは、できぬこと！

どちらも。

特に関東式の諸手捕は、大会入賞常連の身長百七十五センチ体重九十キロのフルコン空手有段者が体重と剛力に物いわせ両手で押さえつけてくるのを片手で簡単に上げて退けた技。如何に元チャンピオンとはいえ、体格では遥かに劣る木下会長にこれが防げるとは到底思えない。

確かめる必要が、あるのです！　少なくとも炭粉良三の哲学では。

「まあ、お好きなように。それより、あんまり芦屋ばっかり行かんとコッチにも寄って下さいよ、炭粉センセ！　ほんまにもう、この人いうたら知らん間に本なんか出すようになっててんねんからなあ。ウチのことも書いて下さいよ！」

マスターの言葉を背中で聞きながら、勘定を済ませました。

寒い！　店の外へ出ると。

冬。即ち、平成二十三年もやがて、終わろうとしています。寒天に、凛と輝くシリウスの蒼い光。

「これが最後の流浪になるかもしれない……」

何故か、そう思いました。

「行こう！　横浜へ」

合気を確かめるために。

そして、愛魂を知るために。

その一「暗黒面の逆襲」

十二月四日、その日私は年末でもあり、朝から何かとバタバタしておりました。東神戸で同窓会が開かれることも知ってはいたのですが、とても参加できるような状態ではありません。

十二月の声を聞くと、定期的に通っている患者様の予定もかなり変更が入ってきますし、ましてや横浜行きが三日後の七日に迫り、その日の予定を他の日に振り分けた関係上、朝から気忙しく動いていたわけです。

ところが、その同窓会の旧友から夕方「来ないのか？」とメールが入り、その日の仕事がほぼケリが着いたこともあって、私は三次会から参加することにしたのです。

旧友達と楽しく呑むうちに、私の酒量はどんどん増え、そして……記憶を失ったのでした。

ハッと気がつくと朝でした。自宅のベッドで寝ていたのです。どうやって帰ったのか、全く覚えていませんでした。嫁は、いつものように横で寝息を立てています。

が、その眠っている嫁の姿に私は何か普段とは違う気配を感じ、慌てて起きようとすると……。


「ア、イテテテ！」

二日酔いの頭痛もさることながら、頭、右拳と右肘、それに左膝に鋭い痛みを感じたのです。ビックリして見てみると、いずれの部位も怪我をしていました。ベッドのシーツも血と膿で汚れています。記憶がいっさいないほどに酔っていたので、全く覚えがない。

「これは……ひょっとして自分は何かとんでもないことをしでかしたのではないか?!」

痛みに堪え、急いでリビングに行ってみて、愕然としました。壁やドアのそこここに、明らかに拳を叩きつけて空けたらしい穴!

これは……自分が暴れた跡に、違いありませんでした。何ということを！　嫁はいったい、どんな気持ちで荒れ狂う自分を見ていたのだろう。いや、嫁だけではありません。ことによれば、旧友達にも迷惑をかけた可能性がある。私は急いで関係筋に問い合わせましたが、幸いなことに酔って迷惑をかけはしたが、暴れてはいなかったとのこと。

「そうか。嫁に、大変かわいそうなことをしてしまった……」

その日も仕事だったため、無残な状態となった壁に写真やポスターなどを貼り穴を隠し、破片が飛び散っている床を掃除してから、嫁は起こさずに家を出ました。恐らく、彼女はほとんど眠れていないに違いない。せめて今はゆっくり眠らせてあげなければ、自分は最低な人間になってしまう……。

友人関係に詫びの品を送り、その後に最近新しく患者になって下さった伊丹在住、岡山出身の八十六歳の竹原さんとおっしゃる女性のお宅にうかがい、その後で実家に赴き同じく年老いた母を診にいきました。

この日の施術行脚には、辛いものがありました。心が沈んだままなのです。嫁や周りの人達に申しわけないことをしてしまったという反省はもちろんですが、それ以上に、本当に気持ちが晴れないのです。しかし、特に母にはそんな心の状態を気取られないように、せめて表面的には普段と同じく淡々と仕事を進めていったのです。

すると、暫くして母がこんなことを言いだしました。

「私の前に寄ってくれてる竹原さんね、岡山出身ということだけど、実は面白い名前の場所で生まれたとのこと」

竹原さんは、母からの紹介で私が行くことになったのでした。

「その生まれた場所の名前ね、禁酒会館っていうらしい。変わった名前でしょ」

禁酒会館……どこかで聞いた名前だが、と思った瞬間に思い出しました。

「そうだ！　確か保江先生の『唯心論武道の誕生』の中に」

母は、その本『唯心論武道の誕生——野山道場異聞——』（海鳴社）を持っています。何せ息子の炭粉良三のデビュー作「合気私考」が巻末付録として収録されている本ですから。急いで調べてみると、あった！

保江先生がキリスト教のことを調べようと岡山市内の大型書店へ行かれたものの、たまたま年に一度の棚卸しの日で閉まっていた。仕方なく向かいにある古びた建物の中に入っているキリスト教関係の本を扱う本屋に入られた。そこで先生は素晴らしい良書と出会われるのですが、その古い建物こそが禁酒会館だったのです！

（北村好孝・画）

「会館のスケッチまで載っている……」

母と私はこの偶然に驚き、私もさっそく先生に電話さしあげ、事を告げました。

先生は、大変驚かれました。

私も、嬉しかった。けれども、この日ばかりはいつものように「凄い予定調和だ！」とはしゃぐ気持ちにはなれませんでした。

遅くまで施術に廻る私に、一度嫁からメールがきました。

「気にしないでいい。あなたは大丈夫！」

あんな目に遭っているのに、私を励ましてくれているのです。しかし、このときに私は自分の気持ちが晴れない理由がわかりました。思い出したのです。何故自分があれほどに自宅で暴れ回ったのかを。

その二「我が本性は、怒り」

遥か昔、私には憎んでも憎み切れない人物が二人おりました。まだ小学生の頃ですが、詳細は伏せます。しかし、忘れようにも忘れられないほどの虐待を受けたのです。

「いつか、必ずブチのめしてやる！」

やがて中学生になった私はまさにその一念で空手の世界に入っていきます。

綺麗事は言いません。テレビなどのニュースを見るにつけ思うのですが、何か暴行事件があればアナウンサーは必ず「『殴る、蹴る』などの暴行を加え……」と、わざわざ「殴る、蹴る」という言葉を付け加えます。決して『投げ飛ばす、締める』とは言いません。だから私は空手の持つ一種の暴力性に惹かれ、それ故に柔道などには目もくれませんでした。

それほどの、憎しみだったのです。

中学時代の友人は昔を振り返り、

「とにかくお前は無口で目つきも悪く、何を考えているのかわからない奴だった」

と言いますが、考えていたことは一つでした。

「空手で手足を凶器のごとく鍛え上げ、アイツらを叩きふせてやる！」

ただ、これだけでした。一時野球をやったこともありましたが、これは飛び道具として石ツブテを研究しているときに、野球の投球理論をかじったためでした。

そうです、私が空手をやることになる動機は、実に復讐でした。その怒りのエネルギーは凄まじく、思えば中学時代から肉体が変形してしまうほどの（事実今も変形したままの部分がある）物凄い鍛錬をしてきました。ところが、それが長じて高校生になった頃はニヒルになり、その怒りの矛先は自分以外の全てに向かうようになって、気に入らないことがあれば授業中でも席を立ち、黒板を叩き割ったこともありました。

大学生になる頃には少しは大人になり、皆とも談笑し青春を謳歌する真似事ができるようにもなりましたが、だが本性は少しも変わってはいなかった。

私の本性は、「怒り」なのです。

深酒などで理性を失えば、これが出てくるのです。だから私は、暗黒面からの見えざる使者達にとって、この上ない獲物なのです。

暗黒面とは善悪の悪の部分です。しかしこの善悪とは本来、人間が勝手にこしらえた概念にすぎません。ですから一見人間の道徳的な善悪の区別など、広大無辺な宇宙の摂理からすれば取るに足らぬものに見えますが、それは違います。

宇宙の摂理とは即ち、破壊と創造。

宇宙は今からおよそ百五十億年前にビッグバンと呼ばれるまさに大破壊から生まれ、それにより生じた元素を元に星を造ってはそれを破壊し、さらにまた造るという過程を繰り返しています。

破壊しなければ、生まれないのです。

破壊しなければ、造れないのです。

宇宙に無数にある恒星（太陽）は、その規模が大きければやがて重力崩壊を起こしブラックホールになって、全ての物を吸い込みますが、我々の太陽ほどの規模の恒星ならばその末路は大爆発です。その大爆発によって四方八方に元素を撒き散らしますが、はじめは恐ろしい高温だったそれらの元素もやがて冷え、様々な物質になります。その冷える過程で最も遅くにできるのが、鉄なんだそうです。

宇宙空間に浮かぶ鉄は、やがて何処かの惑星の重力に引っ張られて、その惑星に落下していきますが、そこが我々の地球と同じ水を有する適度な温度を保つ環境であったとすれば、生命が生じることによりやがて酸素を利用する生命体が生まれ、彼らはその血液を鉄で造ることになります。何故なら、血液の役目は身体中に酸素を運ぶことですが、鉄が最も酸化(錆びること)しやすいからです。私達人間をはじめ、全ての動物達の血の赤い色は、実は錆びた鉄の色なのです。

ということは、私達の身体はこの血液をはじめとして、全てが恒星の爆発という破壊によって生まれた物達の集合体だというわけです。まさに、破壊があったからこそ、私達は生まれて今ここにいるのです。

ところで私達人間はこの地球上で、生物進化の頂点にいます。それ故に、私達の無意識の中にはそれこそ宇宙開闢以来の全ての記憶がストックされているはずです。だから、実に……人間がイメージする善悪とは、創造と破壊という宇宙の歴史に由来するものと私には思えるのです。単なる人間の勝手な想像などではなく。

摂理とは、この宇宙の事象を操る見えざる存在です。物体は、それ自体は自ら動くことはありませんから、それを動かしているもの、否、物体を成り立たせているものでさえ、摂理です。物理学上で発見されている、いわゆる「四つの力」が摂理ではない。これらは見えざる他力ですが、それさえも操る存在、それが摂理。合気を研究していると、そのあたりの事情がそこはかとなくわかってくるのです。


創造を導くのも、摂理。

破壊を導くのも、摂理。


故にこれら善悪を司る摂理は、実は人間の意識による（あるいは理性による）か弱い判断などで太刀打ちできる代物ではないのです。

一方で人を殺める者が出れば、他方では人を救おうとする者がいる。戦争と平和を繰り返す、人類の歴史。

光あるところに、影あり。

わずかばかりの銀貨でイエスを売ったイスカリオテのユダ。しかし彼でさえ、摂理（彼ら言うところの「神」）に従ったのみ。イエスも自分の運命を受け入れることができたのは、恐らく彼には摂理が見えていたからでしょう。そしてそのことによりイエスが処刑された（破壊された）からこそ、キリスト教の教義が生まれたのです。

破壊と創造という二つの摂理。保江先生はそれらを象徴的に「悪魔」「天使」と呼ばれます。そして人間もこの宇宙の存在物である限り、当然その両方からの見えざる「使者」の支配を受けるのです。

私は、こと武道に関しては、その初めから暗黒面の支配を受けていたのでした。それを、そのことを思い出したのです。そしてそれこそが……自分の本性。

愛を求める冠光寺眞法の極意を継ぐなど、とんでもないことだったのだ！

「だから、それはできない……」

夜遅くに帰宅し、心配してくれる嫁に短く事情を説明した私は、直ぐに眠りにつきました。沈み切った心と共に……。十二月五日の、夜のことでした。

その三「イエス、再び」

「氣空術の畑村さん、冠光寺流柔術の木下さん……いずれ劣らぬ天才達。まさに保江先生の高弟。けれど兄弟子よ、私はあなたこそ冠光寺『眞法』を継ぐことになる人だと思っています」

群馬の加藤さんが、そう言ってくれたっけ。

だがそれは無理だ、無理なんだ！

加藤さん、それはあなたの買いかぶりにすぎなかったのだ。元より私には、そんな資質などない。

それにしても、嗚呼《ああ》、こんな俺を……わざわざ木下会長は待ってくれているというのか。それを思うと、たまらん！

私は木下会長にアポを取り、早急に手合わせしたいと告げたことを後悔し始めていました。こんな状態のまま会うこと自体、合氣道を極めた彼に対する冒涜以外の何ものでも、ない。

横浜訪問は、もう明日に迫っていました。

いっそのこと、中止しようか……。いや、だめだ！ 木下会長は忙しい中、自分の勝手な申し入れを受け入れて下さり、時間を空けて場所まで確保して下さっているのだ。

炭粉良三、このアホウが！ いい加減に、身のほどを知るがいい！ お前はどう足掻こうが、天才とはほど遠い鈍才にすぎない。そのお前が、こともあろうに世界チャンピオンと手合わせだと？ 笑わせるな！

十二月六日の昼下がり、私は自分の心の中に響き渡る暗黒面からの嘲笑に苛まれながら、大阪市阿倍野区の須田正美さん宅に向かっていました。そしていつものように彼女に施術して後のこと、お茶を入れてくれながら彼女がこう言いました。

「良三様、何かありました？」

さすがに十年来の知己、この人は鋭い！ だが、説明するのは面倒。だから私は短く答えました。

「いえ、別に」

そうですか……いつもの良三様とは少し雰囲気が違う気がするけれど……と訝る彼女を後にして、その後のスケジュールどおりに患者様を廻ります。そしてその日も、遅くなりました。

最後の仕事を終えて、明日の横浜行きを思い、重い気持ちで歩いていたときのことです。家の手前にある急な坂道にさしかかった、まさにそのとき、まばゆいばかりの少し青みがかった白い閃光！それは、自分の後頭部斜め上に突如顕れたのです!!

どう言えばよいのでしょう。普通何かを空想したりイメージしたりするときには、その像は自分の額の前辺りに浮かびます。しかし、その閃光は明らかに自分の後ろ側なのです。にもかかわらず、見えるのですハッキリと！

それだけでは、ありません。その閃光の中に、一人の人物がいます。逆光だから影になり真っ黒に見えるはずなのに、着ているその衣は今まで見たことがないほどの、純白に輝いている！

「な……何だこれは?!」

心の中でそう叫びながら、けれども私はその光の中の人物が誰なのかを、知っていました。

直立していた彼はやがて、大きく両腕を開きました。それはまるで、純白のクロス（十字架）！真っ黒な（よく絵にあるような金髪ではありませんでした）長髪が、バサッとなびきます。

「イエスか！　だが、何故?!」

その不思議な状態は、帰宅後も続きました。私の真後ろ斜め上におられる。それなのに、後ろを振り向かずともハッキリと見える！

自宅に上がり込むや、私は嫁に告げました。

「今、主が来ておられる……」

えッ、と返す嫁にハタと思いつき、私は急いで割り箸を取り出すや、合気上げの体勢に入りました。

「握ってごらん」

背後にイエスを観想したままで、前に正座した嫁に割り箸を向けました。彼女がそれを握るやいなや……。

「ワアーーー！」

そう叫んだ嫁は、まだ私が何もしていないうちにスス―……と立ち上がってしまいました。そして何故か、ポロポロと泣き出したのです。

「あのときとおんなじ！　保江先生と初めてお会いしたときの合気上げのときと、おんなじ！」

そう呟きながら。

「間違いない！　主が、来ておられる……」

確かに、保江先生に初めて合気上げを見せて頂いたときにも、室内であるにもかかわらず天から何か得体の知れない暖かいとばりのようなものが降りてきた！　辛い目に会わせてしまった嫁には、せめてものお返しができたようで、嬉しく思いました。その後風呂に入り食事をし、床についても暫くその状態が続いたのです。

いったい、どういう意味があったのでしょうか。

しかしこの一件のおかげで、それまでの自分の暗い気持ちは完全に払拭されました。というか、真っ暗な心故にその暗黒の世界に突如顕れた閃光が際立ったのでした。まるで漆黒の宇宙空間における、太陽のように……。

今回、イエスは以前のように饒舌には語られませんでした。そう、ずっと黙ったままで、けれども始終両腕を一杯に広げられ、ずっと私の方を見ておられました。

そしてともあれ……こうして私は彼の存在を感じたまま、やがて深い安らかな眠りに落ちていったのです。

その四「最良の稽古」

一路新横浜へと向かう新幹線の中で書き物をしていて、ふと何かに呼ばれたように感じ手を止めて車窓から外を見ると、ちょうど静岡を通過するところでした。席を立ってデッキに出、暫く景色を眺めました。するとやがて雪を頂いた霊峰富士の神々しい姿が現れます。

その日即ち十二月七日、木下淳人会長と新横浜てに午前十一時に会う約束のため、早朝に目を覚ましました。実によく眠ることができました。そして気持ちのよい朝……と言いたいところですが、まだ真っ暗。しかしながら道衣を携え家を出る頃には、綺麗な冬の朝の光景が眼前に広がります。イエスのお姿は、既に消えていました。

しかし、わずかに痕跡を残しているのがわかります。相変わらず、自分の真後ろ上部。

新大阪からのぞみに乗り、木下会長の下へと向かいました。そして今、目の前に富士の姿があります。

予定どおりに新横浜に到着。改札口では、木下会長が待って下さっていました。久し振りです。

彼が用意して下さった場所へ車で移動。そこは彼が主宰する合氣道眞伝会の道場の一つだとのことでした。我々は床にマットを敷き詰め、そそくさと道衣に着替えます。

私はもちろんのこと、木下会長も武道のベースはフルコン空手です。従って私達の受には、遠慮というものは一切ない！　これこそ私達が誇りとする、全力のガチ受！

さあ、やりましょう！

まずは貴方が至ったという突き倒しを見せて下さい。

私はしっかりと前屈立ちに構え、両腕を前方に伸ばして両掌を重ねました。そこへ会長の突きがきます。

バシィ!!

ところが、彼の弟子が数メートルぶっ飛んだという突き倒しを受けた私は、微動だにしませんでした。

「こ、こんなはずでは……」

「もう一丁こい」

しかし、結果は同じでした。

そして次は自分が技をかける番。関東式封じを見せて欲しい。

木下会長は私の右手を両手でガッチリ押さえつけてきました。しかし彼より遥かに大きく力も強い門下生を上げている関東式です。阻止はできまいと思っていたら、「これは……！」微動だに、できない！

「そ、そんなはずでは……」

だが、駄目だ！　ピクリとも動かない!!

今度は私の関東式による諸手捕合気上げが、会長によって完封されてしまったのです！

ここで、二人して

「う〜〜ん……」。

会長が合気モードになりできたという突き倒しは私には通用せず、私が技の恒常性を求めて得た関東式は会長には通用しなかったのです。

けれども、ここで忘れてはいけないことがある。

私達二人は共に保江先生によって突き倒され、上げられ、そして全力のガチの掛け手でもなす術なく投げ飛ばされているという事実！

期せずして、我々は冠光寺流の奇跡の技を再確認せざるを得ないという現実を突きつけられた形となったのです。

そこで今一度基本に戻ろうと、私達は冠光寺流のノーマルな合気上げを行ってみました。まずは会長が取を行いましたが、お見事！　それはまるで保江先生の技を受けたときと同じ感覚です。どうしようもなく、立ってしまう。そして次は私。ところが、「アッ！」上がらない‼　そんなバカな……焦る私は咄嗟に関東式に変化しました。すると、上がったのです今度は！　会長が見事に立ってしまいました。

再び二人して、「う〜〜ん…」。

その後、会長の案内にて中華街へ赴き、昼食をとりながら話し合いました。

「我々には、保江邦夫先生という師がいる」

「その師の弟子として我々はやれるだけのことをやってきた。そして自分達の門下生には完璧に通用した合気の技が、お互いには全く通じなかった」

「そして、そんな我々を、師は突き倒し投げ飛ばされている……」

そう！　これこそ、師の意味！　そして、失敗の意味！

「木下会長、私は貴方のおかげで、忘れかけていた大切なことを思い出せそうな気がします。わざわざお時間を取って頂いた本日の稽古は、我々にとって最良の稽古になったと思います」

新横浜駅での別れ際、私は会長にそう告げていました。

その五「師の意味　失敗の意味」

帰りの新幹線の中で横浜での模様をレポートに書き、それを保江先生にメールし終わった後で、私は腕組みしながら考えておりました。恐らく木下会長も今頃は、私と同じように思考の世界に入られていることでしょう……それにしても、本当によい稽古でした。

木下会長は確かに冠光寺愛魂の中におられます。しかし、その理合が万人に通じるまでには、まだ至っていない。一方の私は、冠光寺愛魂の入口に今立っている状態なのだ。だから冠光寺理合によるノーマルな合気上げも、会長には通じなかった。言ってしまえばただそれだけのことですが、それがわかっただけで大収穫なのです。

もし冠光寺愛魂がそれだけのもの、つまり我々が身につけただけのものだとしたら、保江先生が我々二人を突き倒せる、投げ飛ばせるはずはないからです。ついでに申し上げますと、木下会長は別の流派が主張する理合にて突き倒しを試みましたが、それも私には無効でした。

そして、敗れた我が関東式。これに関しては、第一部「合気群像」にて私が予想したことが現実になったといえます。考えてみれば、会長は私の紹介で関東式の先生を訪れ、直にこれを取得されていたわけです。ですから関東式で技を仕掛けたとき、同じく関東式で返されれば、技はイーブン化されてしまうのです。しかしながらこの理合でのノーマルな合気上げが会長に通用したということは、これも私の予想どおり原初の合気の中には既に次のステップへの要素が含まれていることになる。

そういえば、関東式の先生がいつだったたか、こう話しておられたのを思い出しました。

「それぞれの武術の極意や合気といえどもその原理を優れた者に教えたり悟られたりすれば、それを基にした技は封じられてしまう。まさに武田惣角先師の押さえ技が佐川幸義宗範にはやがて効かなくなったように。私の場合、教えた関東式で諸手捕ができるようになった者のそれを、さらに関東式で押さえつけ封じることができる。しかしそのイーブン化を超えて関東式の押さえ込みを突破し、諸手捕を封じさせぬ次なる一手も開発した。合気を合気で潰されることによって、もっと先にさらなる奥深い合気が実は存在していることがわかる。私はそれに気づき、感慨無量だった」

保江先生は、必死にガチで抵抗しようとする私達を本当に軽く上げてしまわれます。

ここに、師の意味があります。その意味とは関東式の先生が指摘されるように、冠光寺流保江先生説かれるところの愛魂の深み、即ち「合気深淵」がいまだ歴然と存在していることに他なりません。近藤孝洋氏がその著書『武術極意の本当の話——古流剣術・古流柔術・古伝中国拳法の秘術の探究——』（ＢＡＢジャパン）に書かれていた

「ガラスでもってガラスは切れない」

という文章を、私は思い出しました。ガラスは如何に鋭利な形にしようが、それがガラスである限りガラスを切断することはできない。いわゆる体を動かす方法論は、いわばそのガラスの研ぎ方のようなものだと思い至りました。だから同じレベルの人間には通用しない。むろん、研いだガラスで切れるものも多数あります。よって、それでよいとすることはできましょう。しかし残念（？）

なことに、私達は既にガラスを切断し得るダイヤモンド、冠光寺流の理合を喰らってしまっているのです。

だからさらに進むしか、ありません！

失敗には失敗の意味があるのです。それは通じる相手と通じない相手が存在するということをとおして、「では何故か？　どこがいけなかったのか？」を私達に呈示してくれるからですが、しかしそれも冠光寺流の深み「合気深淵」の存在がなければわからないことなのです。

「師が我々の遥か上」

という前提がなければ、自分達の未精進の部分を発見できないからです。

「自分は、まだまだだ。これからさらに進むには、いったいどうすればよいのだろうか……」

あれこれ考えているうちに、のぞみは新大阪に到着しました。その付近での仕事を三件こなした後で帰宅しようと在来線に乗り換えましたが、まだ夜の八時頃でしたので、どこか静かに呑めるところでもう一度本日の稽古を振り返ろうと思い、ふと芦屋で降りてしまいました。

「しまった！　リトルドールはママさんや常連客がいるから本日は不適当だったのに」

まあ、いいか……と仕方なく駅を出ました。そして駅周辺にどこか一人で呑める適当な居酒屋はないものかと探し始めたときのこと、入口に花輪が置いてある店を一件見つけました。

「ほほう、新しい店だな。本日から開店というところか」

そう思い、ならば常連もまだできてはいまいと近づいていったのです。

すると……。

「あ！　この店は……！」

その六「帰還、そして久遠の旅へ」

「今年の九月末にどこかへ移転してしまった、大阪のカレー屋兼居酒屋『るぅ〜』じゃないか！」

その店はずっとJR大阪駅構内にあり、私も仕事でしょっちゅう大阪へ出る関係上、よく利用した店でした。昼間なら昼御飯にカレー、また仕事が終われば軽く一杯。なにせ駅構内にあったため、便利だったのです。だから他にも大勢のサラリーマン達が仕事帰りに寄って、ビールなどをやっていたものです。ところが大阪駅改装工事に付随して、店が閉められてしまったのでした。「せっかく便利な店だったのになあ……」と、大変残念に思いましたが、仕方がありませんでした。

その店が、まさか芦屋に（それも駅の外にて）再開されていたとは！

渡りに舟とは、このことか。是非もない、さっそくその店に入りビールを呑むことにしました。中に入れば、従業員の方々も以前と同じです。こうなれば、初めてという気遣いも無用。カウンター席に座って呑みながら、ゆっくりと今日一日を振り返ることができたのでした。

保江先生から技を受けて、早三年。

しかし、自分は進歩してきたのだろうか……まだまだというよりは、もう一度振り出しに戻ってしまった気がする。この先、いったいどうやって稽古を進めればよいのだろう。

そう思いながら二本目のビールを注文したとき、メールが届いていたことに気付きました。

メールの送り主は、誰あろう保江邦夫先生でした。新幹線内で送ったレポートに対する返信か。

そう思って開けて読んでみると……。


「おかえり」

と、そう認《したた》めてありました。

「あッ!!!」


それだけで、もう充分でした!

そして、悟ったのです。この三年の間の、否、今までの人生の全ての出来事の意味を!

保江先生はその御著書『合気開眼――ある隠遁者の教え――』（海鳴社）の中に、こう書かれています。合気とは、どうやらそれができだした頃が最も危ない。恒常的にその現象を起こせるようになることを阻むべく、数多くの落とし穴が存在する。自分もその落とし穴にはまりかけたことが多くあったが、それらがどういうものかをここで書くのは止めよう。ただ、自分の場合には聖母マリアや天使長ミカエルの御導きのおかげで、何とかそれらを乗り切ることができたのだ、と。

何のことはない。弟子・炭粉良三は、その堂々巡りを描いてきただけだったのだ！

先生が書かずにおられたことを代弁するかのように。合気を希求して止まない、多くの武道家の皆様方に警鐘を鳴らすための、人身御供として。

そうだったのか……。

合気について必要なことは、ただ処女作『合気解明』にて余すところなく著していたのだ、既に。なのに、自分自身がその落とし穴に落ちていたのか、三年もの間……。

今にして思えば、埼玉の大野先生も、関東式の先生も、二人とも私に「落とし穴にはまるな」と教えて下さっていたのだ。大野先生は「技が効く効かない、という問題ではない」とおっしゃり、関東式の先生は「木下さんのおかげで、合気のより深い部分を垣間見ることができた」とわざわざ告げて下さっていたではないか！
それが、見えなかった。
見えなかったが故に、「この先どうやって稽古をしようか」と悩んだ。
もとより身体の動かし方ではない合気の稽古に、方法論などないのだ！

「汝等請う、其本《そのもと》を務めよ」
「誤って葉を摘み、枝を尋ぬること莫《なく》んば好し」

「やっと、わかったか。そう、だから、私はお前にその方法など、初めから告げはしなかった。私は『合気を教えてあげよう』と言ったのだ。それだのにお前は、私の言うことを聞こうとはしなかった。勝手に自分で推理し、勝手に得心したのだ。だから全て忘れてしまった。言っておくが、私はそんなことを教えたわけではない。あの朝、お前がその内容を忘れたと勝手に悔しがっただけで、私は最初から、合気を教えてあげただけだ。さあ、今までのことを振り返り、そして周りを見てごらん。お前はどうして我が弟子エスタニスラウを見たのか。そして復讐のために武の道に入ったお前がどうして保江邦夫と遭遇したのか。そしてどうして今、ここにいるのか」

先生からのメールを見てから酔いが少し回り、ぼうっとカウンターの前の壁を見ていてハッと我に返ったとき（いったいどれくらいの間、そうしていたのでしょう……）、イエスが語ってくれていた気がしました。

そうだ、横浜行きを決意したあの店も、今呑んでいるこの店も……嗚呼、何ということだろう。全て、用意されていたのです！

暗黒面に支配され空手に進み、荒れ狂った時代でさえ、エスタニスラウは私の前に顕れて下さった。そして、保江先生にお会いする前も後も、ジグゾーパズルを組み立てていくがごとくの出来事達。同じく冠光寺流の業に触れた嫁が、たとえどのように自分が狂っても「大丈夫！」と言ってついてきてくれたこと……加藤さん、鈍才炭粉は今こそわかったよ。貴方が私に告げてくれたこととは、そういう意味だったのか！

人が動く、その見えざる感じざる、本当の理由、それを掴むことこそ、眞法の意味だったのだ、と！

海だ、まるで。

広大無辺の、この世のものではない、別の世界の、海。

それはほのかに暖かい気候を保ちつつ、今その前の砂浜に立ち尽くす自分の前に、波を寄せては返している。

全ての色が、淡いモノトーンの、海。

色が成立する前と言うべきか……色即是空、空即是色。その……空の段階にある、海。

合気、いや、愛魂という名の海が、今自分の眼前に広がっている。

それは、どこかで見た風景でした。

私には、それをどこで見たのかが、直ぐにわかりました。それは……『合気開眼――ある隠遁者の教え――』の、表紙カバー写真の風景。

炭粉良三の心は、今やっと自分の魂の下に戻ってまいりました。たった、コンマ五秒の旅だったのです。けれどもそれは、この先とてつもない旅になるでしょう。

この世での流浪の旅は、だからもう要らないのです。
目の前に広がる愛魂の海の波の音を、ただ聞いていよう。
そしてその音を聞きながら、海岸沿いに歩いて行こう。
ずっと。

永遠に。

コンマ五秒先にある、この海の縁《ふち》を……。

その七「合気完結」

私は今まで何回も申し上げてきましたように、何の信心も持たぬ無宗教者です。これについては、この先も決して変わることはないでしょう。

また、私はいわゆるオカルトが大嫌いです。だから、合気についてもそれを考察するのにできる限り科学的に考えてきました。

けれども、私はまたこうも思います。

世の中の出来事全てが科学的に割り切れるものではない、いやむしろ、割り切れないことのほうが多いのだと。

逆に言えば、我々人類が今までに知り得たことなど、まだたかが知れているのです。何も広大無辺なる宇宙を取り出さなくとも、我々にとって最も身近な我々自身に対してさえ！

けれどもその結果、安直にオカルト的な結論に持っていくのが嫌いなのであって、科学が万能であるなどとは、つゆほども考えてはいません。

しかし、それでもなお、合気については最後の最後に、見えざる世界について語るしかなくなります。その部分をどう呼ぶのか、それは各人それぞれが好きなように呼べばよいと思いますが、それを「摂理」あるいは「サムシング・グレイト」と呼べば近科学的に聞こえ、「神仏」あるいは「イエス、マリア、ミカエル」などと呼べば宗教的、オカルト的に聞こえるとするならば、それは単なる言葉遊びの議論であって、そんなことこそどうでもよいことなのです。

呼び名など何であれ、要は人知を超えた存在の際まで進めるかどうかなのです、合気（今、敢えて愛魂とは言わず合気と言います）を知り、考察し、そして身につけるためには。

たとえば、畑村洋数会長が著された『謎の空手・氣空術――合気空手道の誕生――』（海鳴社）を読めば、なるほど合気現象を得るためには「結び」の会得が不可欠とわかりますが、ではいったいどうやったら相手と「結」べるのか……それは各人が修行の果てに見出すしか道はないのだと、畑村会長もおっしゃっています。そしてもし幸運にも相手と結べたならば、その人はやはり見えざる存在を身近に感じるはずです。何しろ、いくら腕と腕、手と手を合わせようが、そして脱力しようが、それだけでは決して結べないからです。そして結べないままですごす人達はきっとこう言うでしょう。

「嘘八百を並べおって！　お前らの言うとおりにしたが、結びが起こらないどころか、いまだに合気上げ一つできんわ！　合気の技など、おそらく力学的なタネがあるに決まっている！　それを、さもタネもシカケもないように神秘化しおって……」

と。

そして、そうおっしゃる方々を私は決して批判など致しません。何を隠そう、私自身がかつてそうだったからです。しかも私の場合、保江先生により、せっかく見えざる世界に肉薄しながらも、気がつけばガラスでガラスを切る空努力をしてきた三年間でした。

今一度、申し上げます。

私は無神論者であり、オカルトは嫌いです。

それでもなお、見えざる世界とそれが導く合気は、存在しているのです、厳然と！　たとえ我々が泣こうが笑おうが、宇宙の摂理に則って地球が回転しながら太陽の周りを廻るように。

近藤孝洋氏の「ガラスでガラスは切れない」という言葉はけだし名言ですが、知る人ぞ知る彼の名著『極意の解明——一撃必倒のメカニズム——』（愛隆堂）の「あとがき」に、まことにもって素晴らしいことが書かれております。その素晴らしさを……私も保江先生の合気によって投げ飛ばされる経験がもしなかりせば、いまだに、そして一生、わからなかっただろうと思います。

その中から特に素晴らしい部分を引用させて頂きますと……。

「武術の秘伝とは武術を超えた所にあり、それは単に肉体を長時間訓練しても得られぬ何かであり、秘教的な知識の伝授なくしては入ることのかなわぬ、非日常的な分野である。これは『見えざるもの』と大いに関わりがあり、この探求と武術の秘伝は同一線上にある。」

「普通の人間が秘術に出合えない最大の理由は、見えない何かを知覚する力を持っていないからであり、力を見えるものだけに注ぎ込み、未知の内奥に運ぶという作業をしないからだろう。」

「進化の道は、もっと別の方向からやってくる。それは見えざる師であったり、良き書物であったりする。」

「人はそれを『神秘』の一言で片づけてしまうが、神秘の中にも秩序は歴然として存在し、それ自身の法則を持たない神秘などは存在しない。外見的には不可解な出来事に見える武術の秘術も、そこに働いている力には秩序と法則が厳然として存在し、満たされない条件の中では秘術そのものが存在しない。」

「見えざる体を駆使する術法は、独特の感覚と意志の力だけで行う異質の武術であり、既に武術としての領域を超えたもので構成されている。」

「いいかえれば、術とは、自分の持つ個としての力を消失させることにより同化する、自分を取りまく力の作用であり、見えない別の力に助けられて、自分の能力以上の仕事を誰にもわからずにやってのけること、といってもよいだろう。個としての力を消滅させるとき、そこに驚くべき効果が出現する。」

「自分が過去、既に所持した体験がありながら今は行方がわからず、永く見落していたあるもの。その行き先をたずね、捜し廻るのが秘伝への道であり、秘伝への道とは回帰への旅である。」

………

今読み返してみて、本当に思います。「何て素晴らしい文章なのだ!!」と。

これは処女作『合気解明』でも告白致しましたが、私はかつて、この素晴らしい文章を読んでも

「トンデモ！　オカルト！　ナンセンス！」

と嘲笑していたのです。その恥ずかしさに、総身の毛穴から汗が噴き出す気分なのです、今は。

近藤氏が御指摘のとおり、私は流浪を終了し師の示されるところに回帰しました。目指すところは、自分自身の中にある、見えざる合気の海。

それを求めて、コンマ五秒先の真の「今」にいるはずである自分の魂に同化する旅が、今始まったのです。

久遠の旅が………

第三部の後書き

第三部「合気完結――フォースを追い求めた空手家の流浪終了、そして久遠の旅へ――」の原稿を書く作業は、今までで最も辛いものとなりました。自分の武道事始めが決してまともなものではなく、人の道に反するものであったことを告白しなければならなかったからです。

さらに、自分のしでかした愚行もその性格上、描かなければなりませんでした。

ですから書き終わった後、はたしてこれを発表してよいものかどうかずいぶんと迷いましたが、この暗黒面を知って頂かない限り、合気や愛魂の真実を読者の皆様に正しくお伝えすることはできないと思い直し、発表を決意致しました。けれどもそれは、自分ではかなりの精神力を必要としたのです。

すると、確認のために草稿段階での今回の作品を既に送って読んでもらっていた新潟の和田一幸君から、実に素晴らしい感想を頂くことができ、精神的に大いに救われると同時に大変感動致しました。しかもこれは単に感想の域を超え、愛魂を考える上で大変重要な事項を含んでおり、大変感心も致しました。

そこで、和田君の許可を得て、その重要な箇所を抜粋し、ここに掲載させて頂くことに致しました。まことにもって、「合気完結」なる拙書に価値を与えてくれる素晴らしい文章ですが、これをもって第三部の後書きに代えさせて頂きたいと存じます。

和田一幸君、本当にありがとう！

＊＊＊

「愛の反対は憎しみではなく、無関心である」

私は、このマザーテレサの言葉が好きです。愛に憎しみも含まれる真の意味を、私は合気道を通して実感しつつあります。

憎しみを持って攻撃してくる相手を愛と喜びに変えることができるのは、憎しみがあったお蔭だからです。その憎しみが強ければ強いほど、愛に転化されたときのその反動は計り知れないはずです。だからこそ、炭粉先生は保江先生の愛魂と出会い、キリストに出会うことができたのではないかと思えてきました。

無関心な世の中で、炭粉先生は時流に反するかのごとく「合気シリーズ」を執筆されて、合気・

愛魂の解明を、たとえ実践することなしに批判する人々からは「トンデモ！」と言われようが、真実の道へと導いていこうとする努力を感じました。

あのキング牧師も言っています。

「後世に残るこの世界最大の悲劇は、悪しき人の暴言や暴力ではなく、善意の人の沈黙と無関心だ」

と。

沈黙した、無関心を装う善意ある武道・武術家を目覚めさせるのは、沈黙を破り、全ての人を愛するということに関心を持った炭粉先生にかかっていると思います。どうかその御使命を全うして頂きたいと思います。

和田一幸拝

合気シリーズの終了に寄せて

合気を求めてさすらった私の周りの出来事を描いてきた一連の拙い文章は、これにて完結致しました。

読者になって下さった方々に、心から感謝致します。ありがとうございました。

私は今、木下淳人会長との最良の稽古を終えた後で共に食事に向かった中華街に準《なぞら》え、横浜と同じ港町、神戸にもある中華街・南京町近くにある香港カフェ「甜蜜蜜（ティム・マッ・マッ）」にてミルクティーを飲みながら、この原稿を書いています。

先日、第一部「合気群像」にも登場願った小学校同期の青柳慶君の昇段祝いに二人して畑村洋数会長を訪れ、彼に氣空術を体験してもらいました。会長の技に度胆を抜かれて幸せそうに（笑）転がる青柳君の姿を見ていて、嗚呼やはり自分は武道を続けていてよかったなあ、と、つくづく思いました。

ところで、私には西田信という親友が一人います。拳友やライバルひしめく武道の世界を幼い頃から一筋に生きる私にとって、彼のようないわゆる「普通の親友」というのはむしろ、珍しい存在です。中学時代からの付き合いですが、高校は違ったのが幸いでした(笑)。あの最悪の時代も越えて、ずっと付き合いは続いたわけです。

しかし、社会に出てからは一気に疎遠になり、何か事があれば顔を見るというだけになってしまいました。その主なる原因は、彼が酒を呑めないから(笑)。

いや笑い事ではなく、我々酒呑みという人種は、酒を呑まない人達からは離れていきます。シラフでの語らいなど考えもつかないし、自分だけが呑んで酔っても相手がシラフであることほど、シラケることはありません。実は私達夫婦の仲人をして下さった方(某美人女優のお父さんなのです！名は伏せますが)は佐賀の方で、昔からもう、それはそれは大酒呑み。何しろ京都最古の神社である松尾大社の分祠がこの方のお住まいに近い神社に奉られているのです。松尾大社といえば「酒造りの神」として名高いのだから、これはもう筋金入りといっていい。その方を大阪は阿倍野区の十両に招いたことがあるのですが、そのとき素晴らしい名言をおっしゃったのです。曰く……。

「良君、男が酒ば呑まんとコーヒーば飲んで、何を語るかぁ！」(酒を呑まない方々、お許し下さい！)

ということで、何も西田君の責任ではありませんが、これだけはどうしようもありません。けれど、心のどこかで「では何故、彼とは親友なのだろう？」と今まで考えなくもありませんでした。たとえ疎遠になっても、そう思ってきたのです。だから彼が私の一連の作品の中に登場してこないのが、不思議な気持ちもありました。しかし、前述したように武道や合気の道に於ては何の接点とてなかったので、登場しようもなかったのです。

ところが！

驚くべきことに、そんな彼も炭粉ワールドの予定調和に関わってくれていたことが判明するのです！

第三部「合気完結」にも描きましたが、保江先生が偶然たどり着かれた岡山の「禁酒会館」、その場所を誕生の地とされる大正生まれの竹原榮子さんとおっしゃる方を、母の紹介にて診ることになったのでしたが、その榮子さんこそ、親友西田君のお母さんと親しい友人だったのです！

つまり西田君のお母さん(数年前のクリスマスの日に亡くなられました)が、洋裁をやる我が母に竹原さんをお客として紹介して下さったのが、そもそものきっかけでした。だから、もし私が西田君と親しくなければ禁酒会館との繋がりも発生していなかったわけです。

酒を呑めない西田君が禁酒会館との縁を引っ張ってくるというのもできすぎた話ではありますが、事実だから仕方がありません。

この私の患者になって下さった竹原榮子さんは、旧姓は今田さんとおっしゃい、その父上である今田吉助氏こそが、禁酒会館の設立者なのでした。大正時代、アメリカの禁酒法の影響により日本でも禁酒運動が起こりますが、吉助氏は飲酒に関する御自身の反省からもあってクリスチャンの立場からこの運動に参加、各方面から寄付を募り、遂に禁酒運動の拠点となる会館を設立されます。

当時は一階は食堂、二階は会議室、そして三階は宿泊施設だったそうで、食堂と宿泊施設での利益によって会館を運営したとのことです。特に食堂は大正時代はまだ珍しかったカレーが人気メニューで、岡山の皆さんはそのカレーを食するべく、それこそ長蛇の列を作って並んだそうです。土曜日にはサービスで玉子とコーヒーが付いたそうな。

そういった思い出話を、竹原さんは実に懐かしそうに私に語って下さいました。実は彼女の娘さんが岡山のノートルダム清心女子大学の卒業生であり、その後シスターになられたというお話をうかがった段階で、これは……そこで教鞭を取られる保江先生との接点ができてくるのではないか、と密かに思ってはいましたが、まさかその御縁が禁酒会館のほうにシフトするとは！

人との御縁とは、まことに不思議なものです。武道や酒には一切関係のない親友が、私の著書に遂に登場してくれたのですから。ということは、彼にも「冠光」（イエスとその母マリアを描くときにだけ許される頭上の光）が届いたということになる。この不景気に会社から独立して苦労しつつも頑張っている彼に、どうか幸届けと友として願うばかりです。

いや、彼だけでは、ない！

一連の我が拙書を読んで下さった多くの方々……最近では武道とは関係のない方々まで読んで下さっているとお聞きします。さらに縁あって私ごときに会って下さるために懸命になって下さった方々、また遠方からはるばるやってきて下さった方々、その方々一人一人に、どうか幸あれかし！そして、一人の男が合気という現代の魔法と遭遇し足掻き回ったこの三年の出来事が、どうか皆様に少しでもお役に立ちますように！

そう心から祈りながら、このシリーズでの筆を置きたいと思います。

遠からぬ未来に、このシリーズにとっては外伝となる物語を書くかもしれません。また、未発表の作品等もございます。それらが発表の機会を得ることができれば、それらを通じて再び読者の皆様とお会いできるかもしれません……。

では、これにていったんお別れ致します。
最後になりましたが、今一度。発表の場を与えて下さった海鳴社と、保江邦夫先生をはじめシリーズに登場して下さった皆様、読者の皆様、本当にありがとうございました！

平成二十三年 十二月二十五日、クリスマスの日に

炭粉 良三

黙想

著者：炭粉　良三（すみこ　りょうぞう）

1956年兵庫県生まれ。

長く空手の稽古にいそしみ、柔術や活法も習い修める。

2008年3月保江邦夫教授と邂逅。合気の技を目の当たりにし、同年7月その実践性を知る。同時に合気に治療原理を発見。爾来、冠光寺流活法の完成に向け研究工夫の日々を送っている。

著書：『合気解明』『合気真伝』『合気流浪』（いずれも海鳴社・バウンダリー叢書）

＊＊＊＊＊バウンダリー叢書＊＊＊＊＊
合気深淵　――フォースを追い求めた空手家に舞い降りた青い鳥・眞法
2012年 4 月 10 日　第1刷発行

発行所：㈱海　鳴　社
http://www.kaimeisha.com/
〒101-0065　東京都千代田区西神田2-4-6
Tel：03-3262-1967　Fax：03-3234-3643

発 行 人：辻　信　行
組　　版：海　鳴　社
印刷・製本：シ　ナ　ノ

出版社コード：1097

ISBN 978-4-87525-289-4
落丁・乱丁本はお買い上げの書店でお取替えください